Gerhard Dollinger
Ein Landarzt erzählt

Gerhard Dollinger

Ein Landarzt erzählt

J. F. Steinkopf
Verlag

Die hier erzählten Geschichten sind selbst erlebt;
Namen und Orte sind verändert.

Die Deutsche Bibliothek – CIP-Einheitsaufnahme

Dollinger, Gerhard:
Ein Landarzt erzählt / Gerhard Dollinger. – 1. Aufl. – Stuttgart;
Hamburg : Steinkopf, 1991
ISBN 3-7984-0708-8

2   3   98   94   91

Einbandgestaltung: Atelier Reichert, Stuttgart,
unter Verwendung eines Fotos von Ernst Kirschner, Stuttgart
Reproduktion: pkom Ulf Dengler, Stuttgart
Gesamtherstellung: Clausen & Bosse GmbH, Leck
Alle Rechte vorbehalten
© J. F. Steinkopf Verlag GmbH, Stuttgart Hamburg 1991

Inhalt

Was ich am liebsten verschreiben würde

Eines Tages, ich war noch nicht lange aus der ärztlichen Mission zurück und hatte gerade erst angefangen, in Deutschland zu praktizieren, kam eine Frau in mein Sprechzimmer. Auf meine Frage, was ihr fehle, antwortete sie: »Mir? Mir fehlt überhaupt nichts, ich bin kerngesund!«

»Ja, darf ich mir dann die Frage erlauben, warum Sie zu mir kommen?«

»Ha, ich will mir bloß mei' Sach' verschreibe lasse«, antwortete sie auf schwäbisch.

Dabei gab sie mir einen Zettel, auf dem sie fein säuberlich ihre Arzneiwünsche aufgeschrieben hatte.

»Wozu wollen Sie denn soviel Arznei schlucken, wenn Ihnen gar nichts fehlt?«

»Ha, ohne die kann ich gar nicht leben, die brauch' ich alle Tage.«

Damals dachte ich, die Frau muß verrückt sein. Heute ist mir längst klargeworden, daß unzählige Menschen nicht mehr ohne Arznei leben können, und das nicht nur bei uns in Deutschland, sondern auch im hintersten Busch in Afrika. Daß Pillen, Tropfen, Tabletten genau so auf den Tisch gehören wie Essen und Trinken.

Wenn ich die Frage beantworten soll, was ich am liebsten verschreiben würde, wäre es kurz: »Gar nichts.«

Die hier geschilderten Erlebnisse erwecken vielleicht den Eindruck, daß ich meine Patienten zum größten Teil mit frommen Sprüchen und guten Ratschlägen behandle. Aber dieser Eindruck täuscht natürlich. Ich habe hier nur wenige Erlebnisse beschrieben, während durch meine Praxis zwölftausend Patienten im Jahr gehen. Das heißt, daß ich vielleicht neunundneunzigmal Tabletten verschreibe, Spritzen gebe oder eine andere herkömmliche Therapie betreibe, bevor ich meinem Patienten *die* Hilfe geben kann, die ich ihm am liebsten geben möchte.

Bin ich nun, da ich trotzdem tagaus, tagein Medikamente verschreibe, ein Heuchler? Erfülle ich die Wünsche der Patienten nur, um recht viele Krankenscheine zu bekommen oder um sie schneller wieder aus dem Sprechzimmer draußen zu haben?

Ich habe fortlaufend Assistenten und Studenten in meiner Praxis, die hier ihre vorgeschriebene Ausbildungszeit oder Famulatur absolvieren. Von ihnen hat mich schon manch einer gefragt, wie ich das mit meinem Gewissen vereinbaren könne, Medikamente zu verschreiben, wenn ich selber glaube, daß etwas anderes ihnen besser hülfe. Und viele von ihnen meinen, wenn sie nur einfach ablehnen, hätten sie ihre Christenpflicht erfüllt. Denen sage ich, daß ich zwar bessere Therapiemöglichkeiten für manch einen wüßte als Medikamente. Aber wenn ich seine diesbezüglichen Wünsche *nicht* erfüllen will, dann muß ich mich fragen: »Kann ich ihm eine *echte* Alternative anbieten?« Genügt es wirklich, wenn ich einem Patienten sage: »Nehmen Sie mal dreißig Kilo ab, dann senkt sich Ihr Cholesterinspiegel, Ihr Harnsäurespiegel, Ihr Blutdruck. Ihre Herzbeschwerden verschwinden und Ihre Leber funktioniert wieder normal, dann brauchen Sie überhaupt keine Medikamente mehr!« Genügt das, wenn ich seine häuslichen und beruflichen Verhältnisse kenne und weiß, daß seine krankhafte Eßlust nicht Ausdruck seiner Lebens- und Sinnenfreude ist, sondern ein Ersatz für ungenügende berufliche oder sexuelle Befriedigung, für eine verpfuschte Ehe, mißratene Kinder oder irgendwelche anderen unbewältigten Probleme? Das gleiche gilt für den Alkohol, das Nikotin oder für Drogenmißbrauch.

Wenn es nicht Medikamente sind, was ist dann das Ausschlaggebende beim Gesundwerden?

Nach meiner Erfahrung und unerschütterlichen Überzeugung ist es die Mobilisierung der körpereigenen Abwehrkräfte. *Jeder* Körper besitzt solche Abwehrkräfte gegen Krankheitserreger, gegen Viren, Bazillen, auch gegen Tumorzellen. Keine Therapie kann erfolgreich sein, wenn die körpereigene Abwehr erloschen ist. Was kann ein Kranker nun tun, um seine Abwehrkräfte zu mobilisieren? Die wichtigste Voraussetzung ist der *Wunsch*, gesund zu werden. Das klingt vielleicht absurd – welcher Kranke wollte nicht gesund werden? Aber lesen wir nicht in der Bibel (Johannes 5,6), wie Jesus zu dem Gelähmten am Teich Bethesda sagte: »Willst du gesund werden?« Jesus hätte dazusetzen können: »Oder bleibst du lieber da sitzen, siehst täglich die vielen Menschen vorbeiziehen, empfängst ihr Mitleid und ihre Almosen, anstatt gesunde Glieder zu haben, keines Menschen Mitleid und Fürsorge teilhaftig zu werden und mit deiner Hände Arbeit für dich selber sorgen zu müssen?« Es gibt vielerlei Gründe, warum ein Mensch – ihm selbst unbewußt – nicht gesund werden möchte.

Die Ehefrau, deren Mann ihr nicht genügend Aufmerksamkeit schenkt, die Mutter, die ein mißratenes Kind hat, der Mann, den seine Arbeit nicht befriedigt, das Kind, dem seine Eltern nicht die notwendige Liebe und Zeit widmen. Sie haben kein Motiv, für das es sich lohnt, gesund zu werden. Der Kranke muß daher ein Motiv haben, um gesund werden und weiterleben zu wollen. Hat er dieses, dann wird er seine Abwehrkräfte mobilisieren, und die angewandte Therapie wird helfen. Geht ein Kranker mit Zweifeln an die Therapie: »Ach, das hilft ja doch nichts!«, so ist jede Behandlung zum Scheitern verurteilt.

Meine Frau hat drei Krebsoperationen hinter sich. Bei der ersten waren unsere fünf Kinder alle noch im Schulalter. Sie sagte: »Sterben macht mir an und für sich nichts aus, weil ich glaube, daß mich nach dem Tode noch etwas Schöneres erwartet als hier, und es ist doch hier schon so schön. Ich bitte Gott nur darum, daß ich meine Kinder noch großziehen darf, dann gehe ich gern.« Es sind seither fünfzehn Jahre vergangen, die Kinder sind erwachsen und aus dem Haus, aber ihr geht es gut. Das Motiv zum Gesund-werden-Wollen war da.

Die zweite Voraussetzung zur Mobilisierung der Abwehrkräfte ist das seelische Gleichgewicht.

Das kann der Mensch nur finden, wenn er die Erfahrung gemacht hat, daß es einen persönlichen Gott gibt, der ihm durch alle Schwierigkeiten des Lebens hindurchhilft. Ich habe diese Erfahrung relativ spät – mit fünfunddreißig Jahren – gemacht. Seither ist mir nichts erspart geblieben, was es im Leben an Enttäuschungen, Krankheiten, Unglücksfällen und Schicksalsschlägen aller Art geben kann. Solange mich das Vertrauen, daß Gott mir hindurchhilft, nicht verläßt, geht es mir gut. Ich kann während einer Grippe-Epidemie, wo ich mit Hunderten von Kranken zusammenkomme, gesund bleiben. Ein andermal packt es auch mich, ich bekomme Fieber, Husten, Schnupfen, und ich frage mich: »Was ist los? Wo stimmt es nicht?« Ich merke, daß ich mir zum Beispiel um eines meiner Kinder große Sorgen mache und daß mein Vertrauen, Gott werde das Problem lösen, auf schwachen Füßen steht. Ich sage mir: »Wie kommst du dazu, dein Vertrauen wegzuwerfen, wo Gott dir durch so viele Schwierigkeiten hindurchgeholfen hat?«

Und plötzlich helfen die Arzneien, die ich auch vorher – ohne Erfolg – genommen hatte, ich werde gesund.

Zum seelischen Gleichgewicht gehört auch, sich mit gewissen Dingen im Leben abzufinden, seine Frustration abzubauen.

Ein Mann hat das berufliche Ziel nicht erreicht, das er sich gesteckt hatte, eine Frau in der Ehe das nicht gefunden, was sie sich versprochen hatte, oder es sind ihr Kinder und Ehe versagt geblieben, oder sie wird trotz Tüchtigkeit im Beruf den männlichen Kollegen nicht gleichgestellt. Ich und noch mehr meine fromme, aber ehrgeizige Mutter hatten uns vorgestellt, daß ich Chefarzt in einer Klinik werden müßte. Als ich nach meiner Rückkehr aus der Mission merkte, daß da »nichts mehr drin« war, daß »der Zug abgefahren« war, entschloß ich mich, Landarzt zu werden. Ich sagte mir: »Wenn du nun schon ein ›Feld-, Wald- und Wiesendoktor‹ wirst, wie deine Mutter immer verächtlich sagte, dann versuche, diese Arbeit optimal zu tun.« Das gleiche gilt für eine Putzfrau, einen Arbeiter am Fließband, einen Portier, einen Oberkellner – sie alle haben vielleicht ein höheres Ziel gehabt. Sobald sie sich entschließen, diese Arbeit optimal zu tun, sind die Frustrationen total abgebaut, und das seelische Gleichgewicht ist hergestellt. Die Voraussetzung zum Gesundwerden ist gegeben.

Wenn ich mich in einer Großstadt als Arzt niederlasse, kann ich ein Schild an meine Haustür machen: »Naturheilverfahren«, »Homöopathie«, »Akupunktur«, »Chiropraktik«, und es kommen Leute, die sich für diese spezielle Behandlung interessieren, daran glauben und Geduld haben, den Erfolg abzuwarten.

Als Landarzt kann ich das nicht. Zu mir kommen Alte und Junge, Arme und Reiche, Gebildete und Ungebildete, Religiöse und Unreligiöse, Deutsche und Ausländer. Ich muß versuchen, für jeden die passende Behandlungsmethode herauszufinden. Da ich die Leute samt ihren beruflichen und familiären Lebensbedingungen kenne, kann ich das weitgehend tun. Geht ein Mensch auf ein religiöses Gespräch ein, so brauche ich vielleicht keine Medizin zu verschreiben. Am liebsten würde ich verschreiben:

1. Eine Motivation zum Gesund-werden-Wollen
2. Eine persönliche Erfahrung mit Gott
3. Seelisches Gleichgewicht.

Da ich das aber leider nicht immer kann, muß ich nur *zu* oft zum Rezeptformular greifen und Arznei verschreiben, sei es nun chemische, pflanzliche oder homöopathische, je nachdem, was mir für den Betreffenden am passendsten erscheint.

Unser Cello

Im Jahre neunzehnhundertfünf oder -sechs – meine beiden ältesten Geschwister Erich und Ruth waren noch klein – kaufte mein Vater ein kleines Ziegenböcklein als Spielkamerad für die Kinder. Zuerst hatten sie ihren Spaß mit dem possierlichen Tierchen, aber dann wurde aus dem Böcklein ein Bock, der nicht nur die Kinder, sondern alle Besucher, die kamen, in den Hintern stieß und obendrein im Garten allerlei Verwüstungen anrichtete. Wenn er nur Gras und Löwenzahn gefressen hätte, dann hätte er meinen Eltern wenigstens das Rasenmähen erspart; aber das natürlichste Futter für einen Ziegenbock verschmähte er und fraß dafür lieber die jungen Triebe der Rosenstöcke, frischen grünen Salat und was meine Mutter sonst noch angepflanzt hatte. Kurzum, das Vieh wurde lästig.

»Es muß aus dem Haus«, sagte meine Mutter energisch. Und da sie stets, bis an ihr Lebensende, ihren Willen durchzusetzen pflegte, gab es auch diesmal keinen Pardon für den Herrn Ziegenbock. Mein Vater schlug eines Morgens die Zeitung auf und las im Anzeigenteil folgendes Inserat:

»Tausche Cello gegen Ziegenbock«

»Das wär' doch was«, sagte er zu meiner Mutter«, wenn es mir auch ein wenig komisch, ja unglaubwürdig vorkommt, daß einer ein Cello gegen einen Ziegenbock tauschen will.«

»Was willst du denn mit einem Cello?« fragte meine Mutter, »weder du noch ich spielen Cello.«

»Aber die Kinder werden doch größer, wer weiß, ob nicht eines von ihnen Cello spielen will, solange heben wir es eben auf.«

Gesagt, getan. Er schrieb an die angegebene Chiffre, und bald darauf kam der Cellobesitzer mit dem Instrument an. Er fand Gefallen an dem Bock, nahm ihn gleich mit und ließ das Cello da.

Jahre vergingen, das Cello schlief den Dornröschenschlaf auf dem Speicher, bis meine Schwester Ruth mit fünfzehn oder sechzehn Jahren Lust bekam, neben Klavier auch noch Cello spielen zu lernen. Vielleicht hatte sie auch gar keine Lust, sondern mein Vater überredete sie dazu, weil er absolut ein Hausquartett haben wollte. Da er selber Bratsche und mein Bruder Geige spielten, Schwester Irma sehr gut Klavier, so

fehlte eben nur noch ein Cello. Als Ruth dann als Hoteldirek-
trice nach Gran Canaria ging und sich später nach Leipzig
verheiratete, fehlte meinem Vater wieder ein Cellist. Ich, der
soviel lieber Klavierspielen gelernt hätte, wurde quasi ge-
zwungen, Cellostunden zu nehmen, um das Quartett wieder
zu vervollständigen. Kaum konnte ich drei Töne kratzen,
mußte ich zum »Largo« von Händel den Baß spielen.
Cellostunden hatte ich bei einem Musiker des Theaterorche-
sters jeden Mittwoch. Wir wohnten draußen auf dem Son-
nenberg, einer Gartenstadt etwa fünf Kilometer von Pforzheim, der Lehrer in Pforzheim. Öffentliche Verkehrsmittel
gab es dahin nicht, zu einem Fußmarsch mit Cello war ich zu
faul, und so entwickelte ich mich zum Kunstradfahrer: Pro-
biere der geneigte Leser einmal, einhändig mit einem Cello
über Berg und Tal zu fahren, und zwar über ganz schön steile
Steigungen! Leider entsprach meine Cellokunst keineswegs
meiner Radfahrkunst. Das kam daher, weil ich erstens keine
Lust zum Cellospielen hatte, zweitens weil mein Cellolehrer
schon bei den ersten Strichen sagte: »Hast wieder mal nicht
geübt, Bürschchen? Komm, pack dein Zeug zusammen und
hau ab! Für einen Faulenzer wie dich ist mir meine Zeit viel zu
schade!«
Zu schade war es ihm aber nicht, das Stundengeld für die
nicht gegebene Stunde zu kassieren. Mein Vater wunderte
sich, daß ich so gar keine Fortschritte machte, und schob dies
auf die mangelnde Pädagogik meines Lehrers. So war ihm
schließlich sein sauer verdientes Geld zu schade, er gab es auf
und ich damit auch das Cellospielen. Bis ich dann zum Medizinstudium nach Leipzig kam, wo ich mich mit einem Phar-
maziestudenten anfreundete, der ausgezeichnet Klavier
spielte. Dieser animierte mich, doch wieder mit dem Cellospielen anzufangen. Ich nahm Stunden bei Eva Klengel, der
Tochter eines berühmten Gewandhauscellisten und Kompo-
nisten. Sie war eine drahtige ältliche Jungfer und passionierte
Bergsteigerin. Die Bilder ihrer bezwungenen Gipfel schmück-
ten die Wände ihrer Wohnung von oben bis unten. Ihre Art,

zu unterrichten, war so anregend, da sie einen von Anfang an entweder mit ihrem Cello oder auf dem Klavier begleitete, daß es sofort nach etwas klang. Ich übte wie verrückt, schon um bald mit Stackebrandt – so hieß der Pharmazeut – spielen zu können, aber auch, um Eva Klengel eine Freude zu machen, und so dauerte es gar nicht lange, bis ich meine früheren Kenntnisse überholt hatte und ganz ordentlich spielen konnte. Zu meiner Zeit hatte ein Medizinstudent neben seinem Studium her ja zu allem möglichen anderen Zeit.

Als dann der Zweite Weltkrieg ausbrach und ich ins Feld ausrücken mußte, ließ ich das Familiencello bei meiner Schwester Ruth in Riesa zurück.

Sieben Jahre vergingen, und als ich aus der Kriegsgefangenschaft nach Hause kam, wurden Erika, damals meine Braut, und ich uns einig, daß sie versuchen sollte, aus der russisch besetzten Zone in die amerikanische herüberzukommen. Ob ich etwas von meinen Sachen mitgebracht haben wolle, schrieb sie. Ja, das Cello, bitte. Mit einem Rucksack, in welchem außer ihren Reiseutensilien noch sechs echte Meißner Mokkatäßchen verstaut waren, das Cello unter den Arm geklemmt, machte sie sich auf die Flucht. Leider wurde sie beim Grenzübergang vom russischen in den amerikanischen Sektor, schon auf der amerikanischen Seite, vom Ami geschnappt und ins Kaschott gesetzt, wo noch andere geschnappte Flüchtlinge auf den Rücktransport warteten, bis eine LKW-Ladung voll war. Alles Flehen half nichts, die Amis versicherten ihnen immer wieder, sie brauchtes vor den Russen überhaupt keine Angst zu haben, das seien so gute Menschen. Hitler habe ihnen da nur Schauermärchen erzählt. Sie gehörten da hinüber, und da sollten sie auch bleiben. Der LKW mit den Abzuschiebenden war voll, er fuhr los, und es hatte Mitte November schon Eis und Schnee. Sie kamen durch einen Wald, es war bereits Nacht, und als wegen einer schlechten Wegstelle der Lastwagen sein Tempo verlangsamte, sprang Erika samt Cello ab, legte sich flach auf den Boden, bis der Wagen außer Sichtweite war, und machte sich dann per pedes apostolorum auf den Weg. Da sie ein zweites Geschnapptwerden fürchtete, benützte sie für die vierhundert Kilometer lange Strecke bis Pforzheim kein Fahrzeug mehr, sondern legte die ganze Strecke samt Cello zu Fuß zurück, immer nur bei Nacht, während sie tags bei Bauersleuten in einsamen Gehöften anklopfte und um Unterkunft bat, um sich etwas ausschlafen, waschen und sattessen zu können.

Genau zu meinem Geburtstag am dreiundzwanzigsten November kam sie zusammen mit ihrer Schwester Barbara, die sie unterwegs an einem vorher für solche Zwischenfälle verabredeten Ort wiedergetroffen hatte, bei uns in Pforzheim an. Es war schon spät am Abend, und ich hatte die ganzen Tage voller Ungeduld gewartet und schon die Hoffnung aufgegeben, daß das Wagnis geglückt sein könnte. Noch heute, nach so vielen Jahren, sehe ich sie vor mir: Ein schwarzes Pelzmützchen auf dem Kopf, in einen fast bodenlangen Soldatenmantel gekleidet, den Rucksack auf dem Rücken und das Cello unterm Arm. Als wir es auspackten, stellten wir fest, daß ihm bei dem Sprung vom LKW der Hals abgebrochen war. Es war also unbrauchbar, bis wir einen Geigenbauer gefunden hätten, der es reparierte.

In Frankfurt fand ich bald darauf eine Assistentenstelle und traf dort einen Geigenbauer, der zwar versprach, es mir zu reparieren, mich aber wegen Arbeitsüberlastung immer wieder vertröstete. Damals, während der Hungersnot, gab es für Geld gar nichts. Alles wurde »kompensiert«, wie man es schön verbrämt nannte, wenn man für Lebensmittel, Kaffee oder Zigaretten eine Arbeitsleistung einhandelte. Und alles dies hatte ich nicht.

Es kam die Währungsreform, bei der all unsere Ersparnisse hin waren und jeder Bundesbürger mit vierzig DM von vorne anfangen konnte. Plötzlich waren alle Läden voll, wie durch ein »Sesam öffne dich« quollen alle die Dinge, die wir jahrelang entbehrt hatten, hervor und für die DM konnte man alles, aber auch alles kaufen. Der Geigenbauer, den ich schon fast vergessen hatte, rief an und teilte mir mit, ich könne mein

Cello abholen. Die Reparatur kostete mich einen vollen Monatslohn in guter harter DM-Währung! Als ich es ihm etwas verbittert sagte, meinte er gelassen, wenn ich das Geld nicht hätte, könne er mir das Cello ja abkaufen. Der Preis, den er dafür bot, war nur um weniges höher als die Reparaturkosten, und so behielt ich es und zahlte die Reparatur in Raten ab.

Gerne hätte ich wieder zu spielen angefangen. Aber mein Assistentenzimmer lag mitten auf der Krankenstation: rechts Patientenzimmer, links Patientenzimmer, gegenüber Patientenzimmer und das Büro der Oberin – da war es mit meiner Überei bald aus, denn alle beschwerten sich. Tagsüber hatte ich ja keine Zeit zum Üben, und nachts wollten die Patienten schlafen.

Ende 1950 wanderten wir dann nach Südamerika aus, und da ich mir nicht vorstellen konnte, im Busch jemanden zum Mitspielen zu finden, nahm ich das Cello erst gar nicht mit, sondern gab es meiner Schwester Ruth zurück. Bei ihr hielt es dann seinen zweiten Dornröschenschlaf, da von ihren Kindern keines Lust hatte, Cellospielen zu lernen.

1967 kamen wir dann für immer nach Deutschland zurück. Unsere Kinder waren herangewachsen, fast jedes spielte eines oder mehrere Instrumente, und ich bekam Lust, sie auf dem Cello zu begleiten.

»Weißt du, was aus unserem Cello geworden ist?« fragte ich meine Schwester Ruth.

»Keine Ahnung«.

»Aber ich habe es dir doch damals übergeben, als wir nach Südamerika gingen. Wenn du es nicht verkauft hast oder weggeschenkt, dann muß es doch noch irgendwo sein.«

»Ich sag dir doch, ich habe keine Ahnung, das ist alles, was ich dir sagen kann.«

Ich kaufte mir also ein neues Cello, finanziell konnte ich es mir leisten; fleißig schrummte ich den Baß als Begleitung, wenn unsere Kinder musizierten, ja ich nahm sogar noch einmal Cellostunden. Zuerst beim alten Lehrer, den ich noch aufgetan hatte. Aber er war schon so senil, daß es keinen Wert hatte. Dann bei einem jungen Musiker, der aber leider dem Alkohol verfallen war. Ich konnte seine Fahne nicht ertragen, außerdem schwänzte er die Stunden, wenn er blau war, und das war er oft. So war's wieder nichts.

1978 starb Ruth, fünfundsiebzigjährig, nach schwerer Krankheit. Bei der Auflösung ihres Haushaltes war plötzlich das Cello wieder da, das sie so gut »aufgehoben« hatte, daß sie es nicht mehr fand, als ich es wiederhaben wollte.

Ich verkaufte mein Cello, da mich mit ihm nicht so viel verband wie mit dem Ziegenbockcello.

Aber nun gingen die Kinder eines nach dem anderen aus dem Haus, mit dem Musizieren war es zu Ende, es war niemand mehr zum Mitspielen da. Um mich einem fremden Quartett anzuschließen, dazu reichte meine Kunst nicht aus.

Ich steckte es in seinen Sack und stellte es weg in den Hobbyraum, wo es wieder einen Dornröschenschlaf schläft, bis – wer weiß? – eines unserer Enkelkinder Lust hat, Cello zu lernen. Viellleicht täte ich dem Instrument eine größere Freude, wenn ich es an jemanden verkaufen würde, der es spielen würde, als daß es nun unbenutzt im Keller steht.

Es ist aber fast neunzig Jahre in unserer Familie und hat eine so bewegte Geschichte, daß ich es nicht über mich bringe, es wegzugeben.

Frau Koch, die hundertjährige Alte

Mein Freund Günter und ich studierten in Danzig in dem Jahr, als Österreich »heim ins Reich« geholt wurde. Beide waren wir Werkstudenten in Leipzig gewesen. Bevor unser Studium zu Ende ging, wollten wir uns einmal wenigstens *ein* Semester gönnen, wo wir *nur* studieren und daneben unser Leben genießen konnten. Sommer am Ostseestrand, baden, segeln, die wundervolle alte Hansestadt als Kulisse – das hatten wir uns herrlich und romantisch vorgestellt.

Wir fanden Quartier bei einer reizenden älteren Dame, die uns so sehr verwöhnte, daß wir uns immer fragten, *wie* sie dabei auf ihre Kosten kommen sollte, denn die Miete war billig und die Dame hatte uns gesagt, daß das Zimmervermieten fast ihre einzige Einnahmequelle sei. Mittwochs kam sie ungerufen ins Zimmer mit einem Tablett: Kuchen und Schlagsahne, Bohnenkaffee, alles auf hübschem Geschirr serviert. Auf unsere verwunderte Frage wieso, wir hätten doch nichts bestellt, meinte sie:

»Aber meine Herren, heute ist ein Fest, heute müssen wir feiern, ich lade Sie ein!«

»Was für ein Fest gibt es denn zu feiern?«

»Na doch, den Mittwoch, da wird die Woche geteilt, das müssen wir feiern!«

»Aber liebe Frau Hagemeier, Sie stürzen sich da in Unkosten, das können wir ja gar nicht annehmen!«

»Ach, ich kenne euch Reichsdeutsche! Bohnenkaffee und Schlagsahne geht euch doch über alles!«

Damals waren diese beiden Köstlichkeiten in Deutschland schon rationiert mit dem Ausspruch Görings: »Lieber Kanonen statt Butter!«

Das Studium in Danzig war ein Vergnügen. Danzig hatte keine Volluniversität, sondern eine medizinische Akademie mit nur wenigen Studenten. Daher hatten wir ein sehr nettes und persönliches Verhältnis mit unseren Professoren, die uns, jeden Einzelnen, mit Namen kannten. In unserer Freizeit radelten wir hinaus an den Ostseestrand, wo wir Bernsteinbrocken suchten, die wir dann mit einer glühenden Stricknadel durchbohrten, um sie zu Halsketten zusammenzufädeln als Geschenk für unsere Liebsten daheim.

Nun kam der große Tag der Abstimmung. Alle Deutschen wurden aufgerufen, zur Wahlurne zu gehen, um dem »Führer« ihr Einverständnis zur Einverleibung Österreichs ins großdeutsche Reich zu geben. Viel mehr noch als alle Deutschen jubelten die Österreicher selbst ihrem Führer – der ja selbst ein Österreicher war – zu mit nicht enden wollenden

Sprechchören: »Heim ins Reich! Heim ins Reich!« (Dieser Spruch sollte bei Kriegsende umgewandelt werden in: »Heim, uns reicht's!«)

Die Danziger selbst durften ja nicht mitstimmen, da sie »freie Städter« waren und nicht zum Deutschen Reich gehörten. Aber wir vielen Deutschen, die in Danzig lebten, wurden aufgefordert, uns am Sonntagmorgen in Zoppot einzufinden, wo uns Motorboote auf ein deutsches Schiff, welches draußen vor der Dreimeilenzone vor Anker lag, bringen sollten. Das Schiff war sozusagen unser Abstimmungslokal.

Der Sonntagmorgen kam; eine unübersehbare Menschenmenge fand sich in Zoppot ein. Außer uns »Reichsdeutschen« war eine große Anzahl neugieriger Danziger gekommen, um dem Schauspiel beizuwohnen.

Wir, Günter und ich, standen wartend in der Menge, bis die Reihe hinauszufahren an uns wäre.

Plötzlich kam Bewegung in die Menge.

»Der Deutschlandsender, angeschlossen alle deutschen Sender« kam und brachte eine Reportage.

»Achtung, Achtung! Jetzt kommt Frau Koch, die hundertjährige Alte!« Auf einer altertümlichen Sänfte, von vier Rotkreuzsanitätern an den vier Holmen getragen, saß ein uraltes, winziges, eingeschrumpftes Weiblein, an beiden Seiten von zwei Rotkreuzhelferinnen gestützt, damit sie nicht herunterfiel. Auf dem Kopf trug sie einen altertümlichen Kapotthut, eine ovale Nickelbrille war auf die Nase heruntergerutscht. Der Kopf wackelte, als ob er jeden Augenblick herunterfallen müßte.

»Also, liebe Frau Koch, Sie sind hundert Jahre, ja?«

»Hä?«

»Ja, liebe Hörer, sie sagt, sie sei hundert Jahre!« Vor jeder Antwort der Hundertjährigen hielt er wohlweislich die Hand vor das Mikrofon.

»Und nun sind also auch Sie herbeigeeilt, um dem geliebten Führer Ihre Stimme zu geben, nicht wahr?«

»Hä?«

»Ja, in völliger geistiger und körperlicher Frische ist sie her-beigeeilt, um dem Führer ihre Stimme zu geben!«

»Nicht wahr, Frau Koch, Sie haben es sich nicht nehmen las-sen, für Großdeutschland zu stimmen?«

»Hä?«

»Ja, auch sie will ihren Lebenstraum erfüllt sehen, ganz Deutschland vereinigt zu einem großen Reich!«

Die Prozession war bei der Urne angelangt. Frau Koch bekam einen Bleistift in die Hand gedrückt, eine der Rotkreuzhelfe-rinnen führte ihr die zittrige Hand und ließ sie ihr Kreuz an der vorgesehenen Stelle eintragen.

»Und nun, liebe Hörer, kommt der große, der historische Moment, wo Frau Koch, die *hundert*jährige Alte, dem Führer ihre Stimme gibt! Eben macht sie das Kreuz! Sie hat für Groß-deutschland gestimmt! Nun kann sie ruhig sterben, ihr Traum geht in Erfüllung! Nicht wahr, liebe Frau Koch, nun ist Ihr Lebenstraum in Erfüllung gegangen, nun können Sie ruhig sterben?«

»Hä?«

»Ja, sie sagt es selbst, sie kann jetzt endlich ruhig sterben, wo sie ihr liebes, geliebtes Deutschland zu einem einzigen, gro-ßen Reich vereinigt sieht! Und damit verabschieden wir uns von unseren Hörern.«

Die gute Frau Koch hatte nichts, aber auch gar nichts von dem verstanden, was um sie herum vorging und was man sie gefragt hatte! Nichts war in ihr Bewußtsein eingedrungen. Hoffen wir, daß sie trotzdem in Frieden sterben durfte!

Sanitätsgefreiter Falbesoner

In jenem fürchterlichen Winter im Zweiten Weltkrieg, als die deutsche Armee auf ihrem Vormarsch in Rußland im Schnee steckengeblieben war, hatte man mich als Truppenarzt bei einem Gebirgsjägerregiment eingesetzt. Unsere Truppe hatte auf der Insel Kreta gelegen und war, als die erste Schlacht am

Ladogasee vor Leningrad tobte, in Eiltransporten in den eisigen Norden befördert worden. Auf Kreta hatte man noch in Tropenuniform mit kurzen Hosen herumlaufen können, vor Leningrad war das Thermometer auf vierzig Grad unter Null gesunken. Die Truppe war mit Skiern ausgerüstet worden, da man sich anders in dem tiefverschneiten Waldgelände gar nicht fortbewegen konnte. Da in der deutschen Regierung offenbar niemand mit einem solchen Ereignis gerechnet hatte, gab es damals noch gar keine Winteruniformen. Die deutsche Bevölkerung war aufgerufen worden, ihre Pelzmäntel und alle warmen Sachen für die Armee in Rußland zu spenden, und so wurden wir mit provisorischen »Winteruniformen« ausstaffiert und boten mit den teuren Pelzmänteln, Wollmützen, Pelzmützen, Fausthandschuhen und Filzstiefeln einen wunderlichen Anblick.

Zeit, um Bunker in die Erde zu bauen, war keine. Außerdem war das Erdreich so tief gefroren und der Schnee so hoch, daß an ein Eingraben gar nicht zu denken war. So waren wir bei dieser mörderischen Kälte wochenlang Tag und Nacht im Freien. Wir gruben uns in den Schnee ein, bauten Iglus wie die Eskimos, legten eine dicke Lage von Tannenreis als Matratze unter und packten uns immer zu dritt in Mäntel, Decken und Zeltbahnen ein, die wir ringsum zuknöpften, so daß wir wie ein Paket eingewickelt waren. Der Mann in der Mitte wurde von den beiden anderen gewärmt, und stündlich wurde die Lage gewechselt, so daß jeder zwei Stunden außen und eine Stunde in der Mitte lag, um nicht zu erfrieren. Zwischendurch mußte man aufstehen und sich Bewegung verschaffen durch Springen, Trampeln, mußte mit den Armen um sich schlagen, um das Blut in Umlauf zu halten. Alles Material, die Verpflegung, die Munition wurde auf Eskimoschlitten, sogenannten Akjas, transportiert. Diesen Schlitten zog der Skifahrer an einem langen Strick hinter sich her, welchen er sich um den Brustkorb gewunden hatte. Auch die Verwundeten mußten auf diese Weise von der Front nach hinten transportiert werden. Es war so kalt, daß das Blut der

Verwundeten, sofern es nicht aus den Arterien kam, ebenso wie aus dem Körperinneren hervorgetretene Därme oder Gehirn, sofort zu einem Eisklumpen fror und man überhaupt keine Verbände anzulegen brauchte, um das Blut zu stillen. Wollte man eine Schmerzspritze geben, so war die Ampulle, welche man auf dem bloßen Körper bei sich trug, beim Aufziehen sofort zu Eis geworden.

Das Brot war so hart gefroren, daß man es nur mit dem Beil in Stücke hacken konnte, und der Tee, kochendheiß ausgegeben, war nach wenigen Augenblicken nur noch lauwarm.

Viele der Verwundeten kamen nach dem Transport auf dem Akja als steifgefrorene Leichen auf dem Hauptverbandplatz an. Und es schneite, schneite, schneite, ohne aufzuhören.

Zu all den Unbilden der Natur kam noch der Bomben- und Granatenhagel. Die »Stalinorgel«, das schauerlichste Mordinstrument, hörte Tag und Nacht nicht auf zu spielen. Wir von der Sanitätstruppe mußten immer auf dem Sprung sein. Kaum war ein Feuerüberfall vorbei, riefen die Verwundeten von allen Seiten: »Sanitäääter, Sanitäääter!« und da half kein Deckungnehmen, wir mußten heraus und helfen.

Mein treuer Begleiter war der Sanitätsgefreite Falbesoner, ein Bergbauernsohn aus Tirol. Sein Hochdeutsch war mangelhaft. Aber ich hatte mich an seinen Tiroler Dialekt gewöhnt und konnte diesen bald genau so gut sprechen wie er. Unermüdlich im Einsatz, dachte er überhaupt nie an sich oder seine eigene Sicherheit. Da wir ja keine Bunker oder Unterstände hatten, war unsere einzige Deckung hinter abgeschossenen und umgestürzten Baumstämmen, die kreuz und quer über das ganze Gelände verstreut lagen. Wieder kam ein Feuerüberfall. Wieder der Schrei aus vielen Kehlen: »Sanitäääter!« Aber diesmal hat es auch den Falbesoner erwischt. Ein Bein war ihm am Oberschenkel abgeschossen worden und hing nur noch an ein paar Muskeln und einem Stück Haut am Körper. »Jetzt hat's mi derwischt«, ruft er herüber. Ich springe aus meiner Deckung hervor, um ihm den Oberschenkel abzubinden, damit er nicht verblutet, aber da kommt auch schon wieder ein neuer Feuerüberfall.

»Lassen's mi liegen, nehmen's Deckung, Herr Stabsarzt! Um mi isch's nit so schad wia um Sie, wann i schtirb', Sie wern nötiger braucht wia i!«

Obwohl ich ihn fertigversorge und zum Abtransport auf den Akja lade, hat es mich nicht erwischt.

Was aus ihm geworden ist, habe ich nie erfahren.

Aber seine Worte habe ich nie vergessen.

Es weihnachtet sehr

Schließlich hatte es auch mich erwischt. Als Truppenarzt in Frankreich fuhr ich mit dem Motorrad zu einem Einsatz, ich im Beiwagen, der Fahrer auf dem »Krad«, wie die amtliche Abkürzung für Motorrad oder Kraftrad lautete. Plötzlich das bekannte Schwirren in der Luft, dann die Detonation: Eine schwere Granate hatte direkt neben uns auf der Straße eingeschlagen. Der Luftdruck hob uns in die Höhe, wir überschlugen uns und wurden einige Meter weit durch die Luft geschleudert. Auf einem Acker kamen wir unter dem schweren Fahrzeug zu liegen. Wunderbarerweise hatten wir außer einigen leichteren Granatsplitterverletzungen keine größeren Wunden; nur mir war am linken Knie das Kreuz- und ein Seitenband gerissen und ich war damit geh- und kampfunfähig geworden. Der übliche Weg: Feldlazarett – Weitertransport in die Heimat. Ausgerechnet in Leipzig landete ich, meiner Studienstadt, und dort kam ich in die orthopädische Klinik, die jetzt in ein Heimatlazarett umgewandelt worden war.

Und nun kam das liebe Weihnachtsfest. Die ganze Bevölkerung wetteiferte darin, den armen, verwundeten Soldaten fern ihrer Heimat ein schönes Fest zu bereiten.

Natürlich hätte es ein Chaos gegeben, wenn jeder Verein angekommen wäre, wie es ihm paßte. Daher hatte sich jeder vorher bei der Lazarettleitung anzumelden und einen Termin geben zu lassen. Die ersten Feierer kamen am ersten Advent, und dann ging es pausenlos Abend für Abend weiter bis zum 25. Dezember, dem eigentlichen Weihnachtstag. Schrebergärtner, Kleintierzüchter, Skatclubs, Kegelvereine, BDM (Bund deutscher Mädel), Frauenschaften, kirchliche Vereine und Chorgemeinschaften, Blasmusiken und Posaunenchöre, Tischtennisvereine, Fußballclubs, Briefmarkensammler, Wandervereine, Hundesportler und Schulklassen, Jungvolk und Hitlerjugend – alle wechselten sich in bunter Reihenfolge ab in dem Bemühen, uns armen Verwundeten eine Freude zu machen.

Wer von uns bettlägerig war, wurde mit dem Bett in die Halle geschoben, wer in den Rollstuhl konnte, wurde darin angefahren, und wer schon an Krücken gehen konnte, humpelte selber herein und setzte sich in eine der aufgestellten Stuhlreihen.

Nein, was *gibt* es aber auch für verschiedene Arten, das Weihnachtsfest zu feiern! Nie im Leben hätte ich mir träumen lassen, daß sich dieses Fest derartig variieren läßt.

Wir zu Hause hatten es so gehalten, daß unser Vater, umrahmt von Instrumentalmusik und Chorliedern die Weihnachtsgeschichte aus dem Lukasevangelium vorlas und dann mit uns betete, und dies ist für mich noch heute die einzige Art, wie ich Weihnachten erleben und empfinden kann.

Hier im Lazarett spielte aber zu unserem gewohnten christlichen Weihnachtserleben die neu aufgekommene Art, das Weihnachtsfest als Julfest und Sonnwendfeier zu begehen, eine nicht unbeträchtliche Rolle.

So reichte die Skala von »Hohe Nacht der klaren Sterne« über »Kling, Glöckchen, klingelingeling«, »Alle Jahre wieder« bis zu den allerschönsten Bachchorälen und ganz alten wunderschönen Weihnachtsliedern. Für jeden etwas, und jeden Abend etwas anderes; Weihnachten, Weihnachten, Weihnachten und kein Ende. Das Krankenhauspersonal war streng angewiesen, den verwundeten oder verstümmelten

Soldaten keinerlei Mitleid zu zeigen, damit sie besser über ihren Schock wegkämen und sich leichter in das vor ihnen liegende Behindertsein schicken lernten, anstatt sich selbst zu bedauern und hängenzulassen.

Nun aber wurde Abend für Abend eine Ansprache an uns gehalten, und wenn der betreffende Redner oder die Rednerin alle die Verstümmelten in ihren Betten und Rollstühlen sitzen und liegen sahen, überkam sie plötzlich die Rührung, sie schluckten ein paarmal und schluchzten dann hemmungslos. Das Schluchzen wirkte ansteckend, und es dauerte nicht lange, bis alle, die Feirer und die Befeierten, in ein frenetisches Schluchzkonzert einstimmten, daß die Wände wackelten.

Wen wundert es, daß uns, als Weihnachten wirklich da war, das liebe Weihnachtsfest meterlang zum Hals heraushing? In einem einzigen Jahr fünfundzwanzigmal Weihnachten feiern – wer hat so etwas schon einmal erlebt?

Wenn ihr alles getan habt...

Ein junger Mann war zum Alkoholiker geworden. Kein Mensch wußte warum, denn er stammte aus einem friedlichen, rechtschaffenen Elternhaus, er hatte eine nette Frau und ein gesundes, hübsches Kind, eine gute Arbeitsstelle, kurz, er hatte über nichts zu klagen. Trotz allem sank er immer tiefer und tiefer. Nun stand seine Arbeitsstelle, seine Ehe, seine ganze Existenz auf dem Spiel. Ich hatte mir viel Mühe mit ihm gegeben, manches abendliche Gespräch geführt, und nach einem längeren Krankenhausaufenthalt wegen eines Magengeschwürs war er »trocken« geworden. Sein Leben verlief wieder in geordneten Bahnen.

Eines Abends kam er nach der Sprechstunde zu mir und sagte: »Heute komme ich nicht als Patient. Ich möchte nur fragen, was ich Ihnen schuldig bin.«

»Sie haben doch Ihren Krankenschein abgegeben, oder? Sie sind mir nichts schuldig.«

»Ach, Herr Doktor, Sie haben so unendlich viel Mühe und Arbeit mit mir gehabt! Ich weiß nur *zu* gut, daß Sie das, was Sie für mich getan haben, nicht auf dem Krankenschein abrechnen können.«

»Nun, es heißt ja auch in der Bibel: ›Wenn ihr alles getan habt, was ihr zu tun schuldig seid, dann sprecht, wir sind unnütze Knechte, wir haben nur unsere Schuldigkeit getan.‹«

»Sie glauben also an die Bibel?«

»Ich glaube an Gott und an Jesus Christus, und die Bibel ist mein Ratgeber und Lebensbegleiter.«

»Ist das schon immer so gewesen?«

»Nein.«

»Würde es Ihnen etwas ausmachen, mir zu erzählen, wie Sie dazu gekommen sind?«

»Im Gegenteil, das tue ich nur zu gerne. Ich bin in einem christlichen Elternhaus aufgewachsen, getauft und konfirmiert worden, wie Sie wahrscheinlich auch. Ich war der Meinung, ein Christ zu sein, hatte aber keine Ahnung, was das in Wirklichkeit bedeutet. Dann kamen die Studienjahre, die Kriegszeit und die Gefangenschaft: Fast fünfzehn Jahre, während der ich mich um Religion kaum gekümmert habe, von gelegentlichen Kirchgängen abgesehen.

Nach der Gefangenschaft absolvierte ich meine Facharztausbildung als Chirurg an einem Krankenhaus in einer Großstadt. Die Arbeit gefiel mir unglaublich gut, ich kam beruflich schnell voran, verdiente gut und hatte nach all den Kriegs- und Gefangenschaftsjahren alles, was ich mir erwünscht und erträumt hatte. Dann plötzlich, wie ein Blitz aus heiterem Himmel, kam ein totaler Zusammenbruch all meiner Pläne, ja meiner ganzen Existenz. Ich hatte als Chef einen Professor, der immerzu mit Ausdrücken um sich warf wie: ›Sie Dussel, können Sie nicht besser aufpassen? Sie Idiot, was haben Sie denn da wieder für einen Mist gemacht?‹ – und dergleichen Beleidigungen vor den Schwestern und Patienten. Ich war zu ihm gegangen und hatte gesagt: ›Herr Professor, wenn Sie etwas an mir zu tadeln oder auszusetzen haben, bestellen Sie mich bitte auf Ihr Zimmer. Ich bin es nicht gewohnt, vor Schwestern und Patienten auf solche Weise abgekanzelt zu werden. Schließlich bin ich im Krieg Regimentsarzt gewesen und bin jetzt fünfunddreißig Jahre alt, mit mir können Sie nicht umgehen wie mit einem Rotzbuben.‹ Hierauf war er zur Verwaltung gegangen und hatte meine Entlassung verlangt mit der Begründung, ich sei ihm zu überheblich und zu frech, er möchte einen jüngeren Assistenten. Die Verwaltung war nur zu froh, einen plausiblen Grund für meine Entlassung zu haben, denn ich hatte die Schwesternschaft schwer enttäuscht. Nach einer kurzen, mißglückten Ehe war ich geschieden worden und hatte geglaubt, nun meinen »Nachholbedarf« befriedigen zu müssen.

Mein Privatleben wäre kein Grund zur Entlassung gewesen, aber das anfänglich so schöne Verhältnis zu den Schwestern war empfindlich gestört, darum waren sie froh gewesen, mich auf diese Weise loszuwerden.

Da saß ich nun auf der Straße, arbeitslos und ohne Hoffnung auf eine neue Stelle, denn junge Ärzte gab es damals wie Sand am Meer, alle, die aus dem Krieg zurückgekommen, und alle, die daheimgeblieben waren. Kurz zuvor war die Währungsreform, wo unsere R-Mark entwertet worden war und wo wir alle mit vierzig DM neu hatten anfangen müssen, wo also niemand Ersparnisse hatte. Mit meinen Eltern hatte ich mich wegen meiner Scheidung überworfen, und nun wollte ich nicht mit fünfunddreißig Jahren als verkrachte Existenz bei ihnen Unterschlupf suchen. Meine Wohnung im Krankenhaus mußte ich räumen. Da die Wohnungsnot in den zerbombten Städten groß war, war die »Zuzugsgenehmigung« – sprich Aufenthaltserlaûbnis – an eine Arbeitsstelle gebunden. Ich mußte also ausziehen, wußte aber nicht, wohin. Durch all die Aufregungen und die Hoffnungslosigkeit meiner Lage bekam ich eine schwere Kopfnervenreizung, so daß ich vor Schmerzen fast wahnsinnig wurde. Keine Spritzen, keine Tabletten, nichts half.

Krank, arbeitslos, obdachlos, privat und beruflich gescheitert, ohne Ersparnisse, ich war am Boden zerstört.

Schließlich war ich so verzweifelt, daß ich mir sagte: ›Dir bleibt eigentlich nichts anderes mehr übrig, als aus dem Fenster zu springen.‹ Ich fing an, mit Gott zu hadern. Das war meine erste persönliche Kontaktaufnahme mit ihm. ›Warum das alles mir?‹ fragte ich, ›bin ich denn so viel schlechter als andere Menschen, daß mir alles schiefgehen muß? Wofür werde ich so hart bestraft?‹

Da fiel mir ein Spruch aus meiner Konfirmandenzeit ein: ›Der Knecht, der seines Herrn Willen weiß und tut ihn nicht, wird viele Streiche leiden. Denn welchem viel gegeben ist, von dem wird man viel fordern.‹

Mir wurde klar, daß mir von Jugend auf viel gegeben worden war, aber daß mein Leben bisher keine Früchte gebracht hatte, sondern daß ich nur an mein eigenes Fortkommen und an meinen Erfolg gedacht hatte. Ich sagte: ›Lieber Gott, es steht geschrieben: ›Rufe mich an in der Not, so will ich dich erretten und du sollst mich preisen…‹, ich kann mir zwar nicht vorstellen, daß ein Weltenlenker wie du sich um einen armen, kleinen, verzweifelten Erdenwurm kümmern soll. Aber ich kenne Leute, die es erlebt haben, daß du Gebete erhörst. Du siehst selbst, daß ich am Ende bin und allein nicht mehr weiter weiß. Mein Leben ist verpfuscht. Ich bitte dich nur darum, mir meine Schmerzen wegzunehmen, mit den anderen Schwierigkeiten will ich dann ohne dich fertigwerden. Ich schaue jetzt auf meine Uhr, es ist Mitternacht. Wenn in drei Stunden nicht meine Schmerzen aufgehört haben, dann springe ich hier aus dem Fenster hinaus.‹ Unten, drei Stockwerke tiefer, war eine verkehrsreiche Großstadtstraße.

Ich schlief ein. Als ich am Morgen erwachte, waren meine Schmerzen weg, ich war wie neugeboren. Ich war noch nicht aus dem Staunen heraus, als ein Kollege kam und sagte: ›Du suchst doch eine Stelle? Ich habe gehört, daß die Amis in ihrem Militärhospital deutsche Ärzte einstellen. Geh doch mal hin und bewirb dich!‹

›Das wird für mich kaum in Frage kommen, denn die verlangen sicher perfekte Englischkenntnisse. Ich bin aber auf ein humanistisches Gymnasium gegangen und habe Latein, Griechisch, Französisch und Hebräisch gelernt, alles, nur kein Englisch.‹

›Ach Mensch‹, meinte er, ›du bist doch so sprachbegabt, die paar Sätze, die die dich bei deiner Einstellung fragen werden, kannst du bald beantworten. Paß auf, ich stelle es mir so vor: Die fragen: How old are you? Du sagst: thirty-five, die fragen: ›Where did you get your doctor's degree? Du sagst: At Leipzig. Die fragen: What have you done during the war? Du sagst: I was in the German army. Die fragen: Have you any special training in medicine? Du sagst: Yes, sir, I'm a surgeon. Das wird alles sein, probieren kannst du es auf jeden Fall einmal.‹

So meldete ich mich beim Colonel, dem Chefarzt, und bekam exakt diese auswendiggelernten Sätze vorgelegt, die ich dann auch schlecht und recht beantworten konnte.

Zuletzt kam noch eine Frage, mit der ich überhaupt nicht gerechnet hatte: ›Where did you learn your English? You have a typical American accent.‹ Meine Antwort, daß ich überhaupt nirgends und nie Englisch gelernt hätte, nahm er mir nicht ab, bohrte weiter und bekam so heraus, daß ich ein amerikanischer Kriegsgefangener gewesen war.

›Ah, there you learned your American English, why didn't you say so from the beginning?‹

Ich sah ein, daß es sinnlos wäre, ihm zu erzählen, daß ich während meiner ganzen Gefangenschaft mit keinem amerikanischen Soldaten auch nur ein Wort gewechselt hatte, so ließ ich ihn bei seinem Glauben. Ich muß hier einfügen, daß ich Sprachen lerne wie ein Papagei, ich spreche sie einfach nach, und so habe ich in jeder Sprache, in jedem Dialekt gleich den typischen Tonfall heraus, ohne daß es mich irgendwelche Mühe kostet.

Aber die gewünschte und begehrte Stelle hatte ich deshalb noch nicht.

›Wir haben sechzehn Stellen zu vergeben‹, meinte der Colonel, ›aber wir haben schon achtzig Bewerbungen. Gehen Sie nach Hause, wenn wir ausgesiebt haben, werden wir Ihnen Nachricht schicken. Hinterlassen Sie bei der Sekretärin Ihre Telefonnummer.‹

Deprimiert schlich ich mich nach Hause, denn ich rechnete keinen Augenblick damit, daß sie ausgerechnet mich nehmen würden. Aber als ich im Krankenhaus an der Pfortenschwester vorbeiging, winkte mir diese und sagte: ›Herr Doktor, das Amihospital hat angerufen, Sie sollen gleich kommen.‹

›Das hat sich überholt, da komme ich gerade her —‹

›Nein, eben nicht, es hat geheißen, wenn Sie von da kämen, sollten Sie gleich zurückkommen.‹

So pilgerte ich denn wieder dorthin und dachte bei mir, was das wohl bedeuten solle. Als ich mich wieder bei dem Colonel meldete, sagte der nur:

›You are hired‹ (Sie sind angestellt). Bedingung war, daß ich sofort am nächsten Tag anfange, am Karfreitag, der ja bei den Amerikanern kein Feiertag ist. Wie sollte ich das meiner Krankenhausleitung beibringen? Auf dem Heimweg dachte ich mir, wenn *die* sich nicht an unseren (mündlichen) Vertrag gehalten haben, dann brauche ich's ja auch nicht. Sollen sie zusehen, wie sie fertig werden ohne mich. Ich löste also mein Arbeitsverhältnis und fing am »Amihospital« sofort an. Dort wurde mir eine volleingerichtete Zweizimmerwohnung mit Zentralheizung und Bad und Bedienung, alles gratis und franko, zugewiesen. Verpflegung im amerikanischen Offizierskasino. Was das alles bedeutete, kann nur der ermessen, der sich an die Hungerjahre nach dem Weltkrieg und an die schreckliche Wohnungsnot in den zerbombten Großstädten erinnert. Ich lebte nun wie im Schlaraffenland oder wie die berühmte Made im Speck. Zu meinem Tarifgehalt gab's außer Wohnung und Verpflegung noch eine Zulage für englische Sprachkenntnisse, das war noch der größte Witz.

Zwei Hürden waren aber noch zu überwinden, bevor ich

mich meines Glückes in Ruhe freuen konnte. Die Einstellungsuntersuchung brachte an den Tag, daß ich früher eine Lungentuberkulose gehabt hatte, und meine Röntgenbilder sahen gar nicht schön aus.

›Untauglich‹ war das Urteil! Meine Beteuerung, daß ich diese Krankheit schon in frühester Kindheit gehabt habe und daß es sich nur um Schwarten und Verkalkungen handeln könne, half nichts. Der Röntgenologe sah mir wohl an, wieviel für mich von dieser Einstellung abhing, also machte er noch einige Spezialaufnahmen und gab dann zu, daß es ein alter, abgelaufener Prozeß war. Die zweite Hürde waren meine mangelnden Englischkenntnisse. In den ersten zwei Wochen zitterte ich fortwährend, daß jemand merken könnte, wie es damit bestellt war. So hielt ich wohlweislich meinen Mund und markierte den großen Schweiger, dabei bin ich von Natur aus eher das Gegenteil. Wenn man mich etwas fragte, sagte ich entweder yes oder no, egal, ob es stimmte oder nicht. Am besten kommt man im Englischen mit der Formel: ›oh, is that so?‹ durch.

Als ich nun merkte, daß ich bleiben durfte und daß kein Hindernis mehr da war, hatte ich ein Gefühl, als ob sich die Schleusen des Himmels geöffnet hätten und der Segen mit Eimern auf mich heruntergeschüttet worden sei. Um Gesundheit hatte ich gebeten, alles andere hatte ich selber lösen wollen. Aber Gott hatte zu mir gesprochen: ›Ich kann viel mehr, als du dir vorstellen kannst.‹

Zum erstenmal in meinem Leben hatte ich erfahren, daß es einen ganz persönlichen Gott gibt, der sich auch um die kleinsten Belange jedes Menschen kümmert, wenn er ihn nur darum bittet.

Dieses Vertrauen hat mich fortan mein ganzes Leben lang nicht mehr verlassen. Zwar habe ich Gott nie mehr ein Ultimatum gestellt wie damals: ›wenn in drei Stunden nicht...‹, und es sind mir auch Schicksalsschläge vielerlei Art nicht erspart geblieben. Aber ich habe immer gewußt, daß Gott, der mir diese schickt, mir auch hilft, sie zu tragen, ohne zu verzweifeln. Und ich habe seither manche Gelegenheit wahrgenommen, diese Erfahrung an andere Menschen weiterzugeben.«

»Wie ist es denn dann weitergegangen?« meinte mein Zuhörer.

»Ich will Ihnen noch kurz das Ende der Geschichte erzählen. Ich schlug noch einmal meine Bibel auf an der Stelle, die für mich zu einer Lebenswende geworden war: Psalm 50,15 – man nennt sie auch die Telefonnummer Gottes – und da merkte ich denn zu meiner Überraschung, daß *vorher* der Vers 14 sagt: ›Opfere Gott Dank und bezahle dem Höchsten deine Gelübde.‹ Also vorher soll man das tun und dann Gott anrufen, wenn man in Not ist! ›Ist das ein Grund, Gott deinen Dank *nicht* zu opfern, weil du es verkehrt herum gemacht hast?‹ fragte ich mich. Nein, ganz gewiß nicht. Ich faßte den Entschluß, in die Mission zu gehen, ganz gleich, wohin, nur irgendwo, wo Menschen in großer Not um einen Arzt waren. Aber zuerst wollte ich mein privates Leben wieder in Ordnung bringen. Ich fuhr also zu meiner geschiedenen Frau und fragte sie, ob sie mich wieder heiraten wolle.

›Ganz gewiß *nicht*‹, sagte sie, ›wie kommst du darauf?‹

›Ich habe eine Erfahrung mit Gott gemacht und möchte ein neues Leben anfangen.‹

›Nur zu, meinen Segen hast du, aber ohne mich!‹

›Aber siehst du denn nicht ein, daß ich ein anderer Mensch bin: In Christo eine neue Kreatur?‹

›Nein, woher soll ich das wissen? Außerdem glaube ich auch nicht, daß es so etwas gibt. So wie ein Mensch veranlagt ist, so bleibt er auch, da ändert niemand etwas daran. Und da unsere Ehe einmal schiefgegangen ist, woher soll ich wissen, daß es beim zweiten Mal gutgeht?‹

Wir diskutierten eine ganze Nacht lang weiter, bis meine Frau schließlich sagte: ›Ich hab' dich schon beim erstenmal glücklich machen wollen und es ist mir nicht geglückt. Aber wenn du jetzt meinst, daß du unglücklich bleiben wirst, wenn ich nein sage, dann sage ich halt ja.‹

Ich erzählte ihr, daß ich in die Mission gehen wolle, und fragte, ob sie mitgehen wolle.

›Wer A sagt, muß auch B sagen‹, meinte sie.

›Ich habe eine Anfrage aus der ›grünen Hölle‹ in Südamerika, würdest du da auch mitgehen?‹

›Grüne Hölle, rote Hölle, schwarze Hölle – wenn du dir vorgenommen hast, mit Gott überall hinzugehen, dann gehen wir eben auch in die Hölle, wenn er dich dahin schickt.‹

Wir beschlossen, vor unserer Ausreise wieder zu heiraten, und es war der Vorschlag meiner Frau, unseren neuen Bund damit zu beginnen, daß wir jeden Morgen vor dem Frühstück und jeden Abend nach dem Nachtessen unsere Andacht halten wollten und daß wir beim Vaterunser besonders auf die Worte achten wollten:

›Vergib uns unsere Schuld, wie auch wir vergeben unseren Schuldigern.‹

Verwandte, Freunde und Bekannte hielten uns für verrückt, eine gescheiterte Ehe wieder kitten zu wollen.

›Einen zerbrochenen Krug kann man nicht kitten, er geht wieder kaputt‹, hieß es wieder und wieder. Aber wir haben erfahren, daß Gott einen Kitt hat, der den Riß ganz unsichtbar und viel haltbarer macht als den ganzen Krug. Unsere Ehe ist eine gute geworden. Sie hat jahrzehntelang gehalten und das, obwohl wir beide die gleichen Fehler behalten haben, die uns vorher so sehr aneinander gestört hatten, daß wir meinten, sie nicht ertragen zu können.«

Mein junger Zuhörer meinte: »Jetzt ist es aber spät geworden. Ich habe Ihnen einen ganzen Abend gestohlen. Meinen Sie, auch *ich* könnte eine neue Kreatur werden?«

»Sicher können Sie das.«

»Wie muß ich das anstellen?«

Ich holte meine Bibel aus dem Eßzimmer und schlug Apostelgeschichte 16, Vers 25 – 32 auf. Der Gefängnisaufseher fragt den Apostel Paulus: »Was soll ich tun, daß ich selig werde?«, und Paulus antwortet: »Glaube an den Herrn Jesus Christus, so wirst du und dein Haus selig.«

»Dieses Wort hat auch heute, nach fast zweitausend Jahren, seine Gültigkeit nicht verloren, und es gilt auch für Sie. Versuchen Sie es, und auch Sie werden erfahren, was es heißt, eine neue Kreatur zu sein.«

»Möchten Sie nicht mit mir beten?« fragte er. Wir taten es.

Ein fleißiger Kirchgänger ist der junge Mann nicht geworden und ich weiß auch nicht, wie es mit seinem Glaubensleben aussieht. Mit dem Gesetz ist er jedenfalls nie in Konflikt gekommen, dem Alkohol hat er ganz abgesagt, seine Ehe ist intakt und er arbeitet noch immer auf seiner alten Stelle, wo er inzwischen zu einem Vormann aufgerückt ist. Demnach muß er doch eine neue Kreatur geworden sein.

Postscriptum:
Nach vielen Jahren stand ich vor der Ausreise zu einem Missionseinsatz in Kamerun. Am Vorabend klingelte es an der Haustür. Draußen stand der junge Mann von damals, jetzt mehrfacher Familienvater, und sagte:

»Ich komme nicht als Patient. Aber ich habe gehört, daß Sie morgen nach Afrika fliegen. Ich wünsche Ihnen, daß Sie wohlbehalten zurückkommen, aber man kann ja nie wissen, was passiert. So habe ich das Bedürfnis, Ihnen zum Abschied zu sagen, daß Sie mir in einer meiner schwersten Lebensphasen entscheidend geholfen haben, und zwar nur dadurch, daß Sie mir einen Einblick in Ihr eigenes Leben und in Ihre Vergangenheit gegeben haben. Was ich heute bin, verdanke ich Ihnen, und ich bin gekommen, um Ihnen meinen Dank auszusprechen. Gute Reise und auf Wiedersehen!«

So sei gegrüßt viel tausendmal...

Meine Heimatstadt ist ganz am Ende des Zweiten Weltkrieges in einem einzigen Luftangriff fast völlig zerstört worden. Einige Zehntausende von Einwohnern lagen unter den Trümmern begraben. Ich kam aus der Kriegsgefangenschaft heim und fand nicht einmal den Weg zu meinem Elternhaus, alle Straßen waren von Schutt zugeschüttet. Die Ruinen der Häuser waren zu Gräbern der Bewohner geworden. Auf den Trümmern wuchsen wild die Goldruten und bedeckten alles Grauen mit ihrem leuchtend gelben Schimmer, und ich wurde an das Dichterwort erinnert: »Neues Leben sprießt aus den Ruinen.«

In der kleinen Notwohnung meiner Eltern fand ich bei der Heimkehr zwei meiner Schwestern mit ihren Kindern vor, die aus der »Ostzone« geflüchtet waren. Ihre Männer waren beide in Rußland vermißt. Die einzige Schwester, die weder Mann noch Besitz verloren hatte, aber deren Haus vom amerikanischen Oberkommando besetzt worden war, war mit ihrem Mann in das Verwaltungsgebäude ihrer Fabrik gezogen. Sie hatte zuerst meine Eltern, dann meine Schwestern mit den vier Kindern und zuletzt mich als Kriegsheimkehrer bei sich aufgenommen.

Wir hausten auf engstem Raum und teilten das wenige, das wir hatten. Die Schwester, bei der wir Unterschlupf gefunden hatten, war in ihrer Jugend einige Jahre in den USA gewesen und hatte in einer Baptistenkirche in New York am Sonntag die Orgel gespielt. Mit den Gliedern jener Gemeinde hatte sie noch immer im Briefwechsel gestanden, bis der Krieg aller Korrespondenz zwischen diesseits und jenseits des Atlantik ein Ende gesetzt hatte.

Nun, als der Krieg zu Ende war, forschten die Glieder jener Baptistenkirche über die amerikanische Armeegeistlichkeit nach dem Verbleib und Ergehen meiner Schwester. Sie hatten sie in all den elf oder zwölf Jahren noch nicht vergessen. Als sie sie gefunden hatten, versorgten sie sie regelmäßig mit Care-Paketen, indem sie jeden Sonntag nach dem Gottesdienst verabredeten, welche Familie in der kommenden Woche »dran« sei, damit meine Schwester nicht einen Haufen auf einmal und dann womöglich wochenlang gar nichts bekäme. Meine Schwester und ihr Mann behielten nichts für sich, alles teilten sie mit uns, und so litten wir trotz der herrschenden Hungersnot keinen krassen Mangel.

In der Stadt hieß es nun zuerst einmal die Ruinen beseitigen, bevor man an einen Wiederaufbau denken konnte. Was lag näher, als dazu die heimkehrenden Soldaten heranzuziehen? Wir seien, wie man uns zu unserer Überraschung kundtat, schuld daran, daß die Stadt zerstört wurde, und so sei es nicht mehr als recht und billig, daß wir auch den Schutt wegräumten.

Auf meiner einzigen Jacke, die ich aus der Kriegsgefangenschaft mitbekommen hatte, stand noch immer mit großen weißen Buchstaben PW (Prisoner of War) auf dem Rücken, und diese Jacke und meine einzige Hose trug ich so lange, bis sie in Fetzen herunterhingen. Dann stellte ich einen Antrag auf »Arbeitskleidung« beim Bezugsscheinamt, denn wenn ich auf der Trümmerbeseitigung arbeitete, konnte ich ja nicht nackend gehen. Wer beschreibt mein Erstaunen, als ich einige Zeit später einen Bezugsschein erhielt, auf dem stand: »Gut für einen Arztkittel«. Ich begab mich damit wieder aufs Amt und fragte, ob das ein Witz sein solle – ob sie vielleicht dächten, ich könne im Arztkittel Trümmer beseitigen? »Wieso«, war die Antwort, »Sie haben hier geschrieben, Sie wollten Arbeitskleidung, und da Sie mit ›Dr. med.‹ unterschrieben haben, dachten wir natürlich, Sie wollten einen Arztkittel!« Statt des Arztkittels bekam ich also einen ›blauen Anton‹ und konnte weiterschippen.

Wir arbeiteten auf dem Dachboden der ehemaligen Oberrealschule, wo wir das zertrümmerte Dach zu beseitigen hatten. Balken und große Brocken warfen wir einfach auf die Straße hinunter, den kleineren Schutt schippten wir in Schubkarren und stülpten diese über den Mauerrand. Einmal bekam einer unserer Kameraden dabei das Übergewicht und stürzte mit einem markerschütternden Schrei in die Tiefe. Das Gebäude war fünf Stockwerke hoch. Entsetzt krochen wir, damit uns nicht das gleiche Schicksal ereile, auf allen vieren bis an den Rand und spähten in die Tiefe, wo wir unseren Kameraden zerschmettert auf den Trümmern liegend wähnten. Er war aber nirgends zu sehen. »Er kann sich doch nicht einfach in Luft aufgelöst haben?« dachten wir. Da rief's von irgendwoher: »Hallo, hallo, könnt ihr mir mal hier heraushelfen?« »Ja, wo bist du denn?«

»Hier, einen Stock tiefer!« Und er schaute aus der Fensterhöhle des nächstunteren Stockwerkes heraus, frisch und munter, als ob nichts geschehen wäre. Wie konnte das sein? Beim Hinunterstürzen hatte er ein hervorstehendes Heizkörperrohr ergreifen können und so, zwischen Himmel und Erde hängend, sich schwingend in die Fensterhöhle des tieferen Stockwerkes hineinfallen lassen. Innen hatte eine Bombe ein großes Loch durch alle Stockwerke geschlagen, und so hätte er beinahe, eben gerettet, hier sein Leben lassen können und war wie durch ein zweites Wunder bewahrt geblieben. Wir holten einen Strick, ließen den hinunter und hievten den Kameraden daran zu uns herauf.

Die Aula des ehemaligen Schulgebäudes sollte zu einem Kino umgebaut werden – warum, weiß Gott allein, vielleicht wollte die amerikanische Besatzungsmacht die deutsche Bevölkerung durch amerikanische Filme ›umerziehen‹ oder was auch immer damit bezwecken. Die Bewohner der Ruinenstadt, welche zum größten Teil noch in rattenverseuchten Kellerlöchern hausten, waren erbittert und konnten nicht begreifen, wieso man ausgerechnet ein Kino als erstes in Angriff nahm. Die Passanten drohten mit den Fäusten zu uns herauf und schrien: »Ihr Schufte, Ihr Biwäkler, wozu brauchen wir ein Kino, wenn wir noch nicht einmal eine Wohnung haben?« Wir, die dafür ja am allerwenigsten etwas konnten, waren wiederum hierüber erbost, und so platzte einem der Schippkameraden der Kragen und schrie er herunter: »Ach, redet doch keinen solchen Scheiß, glaubt ihr vielleicht, wir stünden zu unserem Vergnügen hier? Kommt doch herauf und löst uns ab, wir gehen nur *zu* gern!« Das ging so dreiviertel Jahre, und langsam sah man wieder Straßenzüge. Teile der zerstörten Häuser wurden notdürftig zum Wohnen hergerichtet, und die im Kriege evakuierten Frauen und Kinder kamen langsam aus den Dörfern, wo sie sowieso nicht willkommen waren, zurück in ihre Heimatstadt.

Viele dieser Kinder waren Vollwaisen geworden, ihre Eltern lagen unter den Trümmern, oder der Vater war vermißt oder gefallen. Da war es rührend zu sehen, daß Menschen, die selber kaum etwas zu nagen und zu beißen hatten, die in Kellerlöchern oder Bretterbuden hausten und froren, solche Waisenkinder zu sich nahmen und mit ihnen das wenige teilten, das ihnen noch verblieben war. Meine schönste Erinnerung an jene furchtbare Zeit sind die menschlichen Beziehungen, die Güte, die Hilfsbereitschaft, die Uneigennützigkeit. Alles wurde geteilt. Wenn man ein Festchen gab, brachte jeder etwas zu essen mit, wenn es auch nur ein trockenes Stück Brot war. Alles wurde auf einen Teller getan und gemeinsam verzehrt. Dabei sangen wir vergnügt und musizierten und erzählten uns etwas und vergaßen alles um uns her. Während wir uns über unsere Witze halb krank lachten, war die Welt vor unseren Türen, die in Schutt und Asche lag, verschwunden.

Auch für mich hatte die Schipperei einmal ein Ende. Man erlaubte mir, als Arzt zu arbeiten, *falls* ich eine Stelle fände. So lange sollte ich weiterschippen.

Ich nahm also ein altes, klappriges Fahrrad und graste die Gegend ab. Kein Krankenhaus der näheren oder weiteren Umgebung, an dem ich es nicht versucht hätte. Alles vergeblich. »Wir brauchen niemand«, hieß es überall.

»Auch nicht ohne Lohn?«

»Nein, auch Volontärärzte haben wir mehr als genug.«

Als ich schon ganz mutlos geworden war und es aufgeben wollte, fand ich doch noch eine Stelle. Obwohl ich nichts bezahlt bekam, so brauchte ich doch nicht mehr zu schippen und konnte endlich in meinem Beruf weiterlernen, und ich war nur *zu* froh.

Seltsamerweise waren Krankenschwestern damals so knapp wie Ärzte überschüssig. So taten wir viele Arbeiten, die heute den Schwestern zukommen, aber das machte uns nichts aus.

An dem ganzen Krankenhaus war nur eine einzige Nachtschwester tätig, und das für drei Stockwerke. Die Gute mußte treppauf, treppab rasen; kaum war sie unten, klingelte es oben, kaum war sie hinaufgerast, klingelte es unten. Um die Unmöglichkeit überhaupt möglich zu machen, hatte sie sich ihren eigenen Selbstverteidigungsplan zurechtgelegt.

»Herr Doktor, Frau Meier in 110...« schrie sie in die Tür, die sie ohne anzuklopfen aufgerissen hatte, und weckte uns Assistenten mit diesem Schlachtruf aus tiefem Schlaf. Bevor wir fragen konnten, was mit Frau Meier los sei, war sie längst wieder verschwunden. Wir – in die Kleider und zu Frau Meier gesaust in der Panik, daß sie im Sterben liege – aber die gute Frau Meier konnte nicht schlafen und hatte einen ganz banalen Wunsch, den zu erfüllen Schwester Eustachia keine Zeit hatte, und so taten wir ihr eben den Gefallen, da wir doch schon einmal aus dem Schlaf gerissen waren.

Klingelte ein Patient und bat um die Bettschüssel, dann trat Schwester Eustachia mit erhobenem Zeigefinger vor ihn hin und sagte: »Jetzt hören Sie mir einmal *gut* zu, was ich Ihnen sage! So etwas macht ein anständiger Mensch immer bei Tage, *niemals* bei Nacht, haben Sie mich verstanden? Das war das erste Mal, soll aber auch das letzte Mal gewesen sein! Klar?«

Und nie wagte es ein Patient ein zweites Mal, bei Nacht ›zu müssen‹.

In dieser Zeit wurde bei uns ein Patient eingeliefert, der an Kehlkopfkrebs erkrankt und voller Metastasen war. Er hatte selber eine Anzahl Kinder und hatte trotz Raumnot noch einige Waisenkinder zu sich genommen, deren Eltern beim Bombenangriff ums Leben gekommen waren. Es muß eine sangesfreudige Familie gewesen sein, denn die Kinder kamen immer wieder ins Krankenhaus und sangen ihrem Vater mit ihren wunderschönen Kinderstimmen mehrstimmige Lieder vor.

Nun kam es mit ihm ans Sterben. Er schickte nach seiner Familie, und als alle da waren, sagte er mit schwacher Stimme:

»Singt mir noch einmal etwas vor!«

»Was willst du denn hören?«

»Zuerst: ›Hebe deine Augen auf zu den Bergen,
  von welchen dir Hilfe kommt.
  Meine Hilfe kommt vom Herrn, der Himmel und Erde gemacht hat.
  Er wird deinen Fuß nicht gleiten lassen,
  und der dich behütet, schläft nicht!
  Hebe deine Augen auf zu den Bergen,
  von welchen dir Hilfe kommt!‹
Dann: ›So sei gegrüßt viel tausendmal,
  holder, holder Frühling!
  Willkommen hier in unserm Tal,
  holder, holder Frühling!
  Holder Frühling, überall
  grüßen wir dich froh mit Sang und Schall,
  mit Sang und Schall!‹«

Draußen im Krankenhausgarten grünten die Bäume im ersten Maienkleid, die Blumen blühten, der Frühlingsduft strömte herein zum offenen Fenster, und die heimgekehrten Zugvögel schmetterten und zwitscherten ihr Tirili. Und die klaren, reinen Kinderstimmen sangen dem sterbenden Vater diese zwei herrlichen Lieder vor, so daß alle, die dabeistanden und zuhörten, einen Vorgeschmack vom Himmel bekamen. Kaum war der letzte Ton verklungen, hatte der Vater seinen letzten Atemzug getan und war hinübergegangen.

»Das war ein schönes Sterben«, dachte ich, »so wünsche ich mir's auch einmal.«

Und noch eins wünschte ich mir damals: Selber einmal Kinder zu haben und so mit ihnen zu singen! Dieser Wunsch ist mir in Erfüllung gegangen.

»Lehrjahre sind keine Herrenjahre« heißt es. Das gilt auch bei Assistenzärzten.

In Zeiten, wo es zu viele offene Stellen gibt, können sich die Lehrlinge alles herausnehmen. Gibt es dagegen zu viele Bewerber und zu wenige Stellen, müssen sie sich alles gefallen lassen. Das ist einfach eine Sache von Angebot und Nachfrage, und keine Gesetze und Verordnungen können etwas daran ändern.

Meine Assistenzarztzeit fiel in eine Periode, in der es junge Ärzte gab wie Sand am Meer und wo sie sich gegenseitig auf den Zehen herumtraten. Während des Zweiten Weltkrieges hatte man das Medizinstudium durch Trimester – anstatt Semester – wesentlich abgekürzt, so daß es bei Kriegsende eine wahre Ärzteschwemme gab. Dann kamen wir Kriegsärzte aus der Gefangenschaft zurück und machten das Maß voll oder brachten es zum Überlaufen. Wenn wir eine Stelle suchten, dann konnte es heißen: »Wenn Sie nichts bezahlt wollen, können Sie morgen anfangen.«

So war der Begriff des »Volontärarztes« geschaffen, der volle Arbeit tun mußte, aber nicht nur nichts bezahlt bekam, sondern sogar sein eigenes Essen ins Krankenhaus mitbringen mußte. Zudem war er weder gegen Krankheit versichert, noch wurde etwas in die Alterskasse bezahlt, Dinge, die heute selbstverständlich sind. Dazu hatte der »Volontär« noch dankbar zu sein, daß er überhaupt arbeiten durfte.

Hatte man nach Jahren der Wartezeit endlich eine bezahlte Stelle gefunden, dann hieß es bloß: Mundhalten, selbst wenn einen der Chef herunterputzte wie einen nassen Sack.

Ein Chefarzt war früher selbstherrlich und autoritär wie ein Halbgott, und er konnte sich gegen Schwestern, Assistenten und Verwaltung alles herausnehmen, was er nur wollte.

Einen solchen Chef hatte auch ich während meiner Ausbildungszeit. Er spielte sich gerne als Original auf. Bei guter Laune duzte er alle seine Patienten, Ärzte und Schwestern.

Sagte er Sie zu einem, dann wußte man, jetzt gibt's gleich Saures. Er war kolossal von seinem Können überzeugt und hörte sich furchtbar gern reden. Brachte ihn irgend etwas in Rage, schrie er völlig unbeherrscht herum, daß das ganze Haus zitterte, und er duldete dann weder Rechtfertigung noch Entschuldigung.

Hieß es beim Operieren am Vortag: »Morgen früh um sieben Uhr Schnitt«, dann hatten Schwestern und Assistenten geschrubbt und mit steriler Kleidung und Handschuhen dazustehen, bis er geruhte, zu erscheinen. Um sich nicht unsteril zu machen, muß man mit den Händen in Beterstellung dastehen oder sie in die Höhe halten, bis man den Krampf kriegt. Der Patient hatte steril abgedeckt auf dem Tisch zu liegen.

Es wurde halb acht, es wurde Viertel vor acht, und wir fragten uns, wie lange wir wohl noch so dastehen sollten und wie lange der Patient auf die Folter gespannt werden sollte. Da erschien der hohe Herr, und als er uns so dastehen sah, meinte er:

»Ja, was denn? Steht ihr etwa die ganze Zeit da herum, ohne etwas zu tun? Ich denke, Sie sind Facharzt für Chirurgie« – zu mir gewandt – »und da können Sie nicht einmal so ein lächerliches Blinddärmchen oder Leistenbrüchlein operieren ohne Chef? Ich muß schon sagen tz, tz, tz...«

Während der Operation erzählte er uns dann, er habe heute früh in der Badewanne so ein interessantes Buch gelesen, da habe er ganz die Zeit vergessen, und wir bekamen den Inhalt des hochinteressanten Buches berichtet.

Beim nächsten Mal, als er wieder zu spät kam, meinte die Operationsschwester: »Sie wissen doch, was er letztes Mal gesagt hat, also operieren Sie doch, auf was warten wir noch?«

Wir fingen an, die Tür ging auf, der Chef sah, was los war, und brüllte: »Ah, da schau her, *ich* habe wohl überhaupt nichts mehr zu sagen in diesem Laden? Da wird einfach drauflos operiert, ohne daß unsereins überhaupt gefragt wird? Wer, sage ich, *wer* hat Ihnen erlaubt, hier zu operieren? Unterstehen Sie sich noch *einmal*, sich so etwas zu erlauben, dann fliegen Sie aber hochkant hinaus, verstehen Sie mich?« Und vor Wut redete er während des ganzen Vormittags kein Wort mehr mit uns. Dafür aber sagte er nachher bei der Visite zu allen Patienten: »Sie, nehmen Sie sich vor *dem* da in acht! Dem seine größte Lust und Freude ist, anderen Leuten den Bauch aufzuschlitzen! Bevor anständige Leute überhaupt Kaffee getrunken haben, hat *der* schon drei Leuten die Bäuche aufgeschlitzt!«

War eine Operation schwierig und er wurde nervös, dann hieß es: »Was fummeln Sie mir dauernd vor dem Gesicht herum? Glauben Sie vielleicht, dabei könnte man operieren? Haben Sie schon mal etwas von der Sphinx gehört? Zehntausend Jahre steht sie auf einem Fleck, ohne sich zu rühren! Genau das verlange ich von einem Assistenten: Eine Sphinx muß er sein, zehntausend Jahre auf einem Fleck, ohne sich zu rühren!«

»Gut«, denke ich, »stehen wir also auf einem Fleck, ohne uns zu rühren.« Nach einer Weile schreit er: »Ja, sagen Sie mal, was denken Sie eigentlich, wofür Sie bezahlt werden? Denken Sie vielleicht fürs Hakenhalten und dumm gucken? Wenn Sie weiter nichts können, dann hole ich mir einen Straßenbahn-schaffner, das kommt billiger!«

Ein Patient liegt auf dem Tisch und soll in örtlicher Betäubung operiert werden. Der Chef spritzt ein, er schneidet, der Patient macht: »Aua!« Der Chef schreit: »Was heißt hier aua? Der Kerl will doch wohl nicht behaupten, daß ihm noch etwas weh tue, wenn *ich* eine Lokalanaesthesie gesetzt habe? Jetzt bin ich seit dreißig Jahren Chirurg, und noch nie hat jemand gewagt, ›aua‹ zu sagen, wenn ich ihn betäubt habe! Das ist doch die allergrößte Frechheit, die mir je begegnet ist! Wagen Sie es ja nicht, noch einmal ›aua‹ zu sagen, solange ich operiere, sonst jage ich Sie, so wie Sie sind, vom Operations-tisch herunter!«

Die OP-Schwester hat Schwierigkeiten beim Einfädeln einer

Nadel, stampft leise mit dem Fuß auf und sagt: »Herrschaft!«

»Wie können Sie es wagen, in meiner Gegenwart zu fluchen? Und dazu noch als Nonne? Ich verbiete Ihnen, zu fluchen, hören Sie?«

»Aber, Herr Chefarzt, ich habe doch bloß ›Herrschaft‹ gesagt!«

»Wenn Sie als Nonne ›Herrschaft‹ sagen, dann ist das ein verzuckertes Wurmgutsel, es ist gerade so, wie wenn andere Leute fluchen, verstehen Sie mich? Außerdem widersprechen Sie mir nicht, wenn ich Ihnen etwas sage!«

Bei der Visiste fragt eine alte Patientin ängstlich: »Herr Doktor, muß ich sterben?«

»Nix, nix, jetzt *wird* nicht gestorben, es ist viel zu kalt auf der Schanz' (bei uns der Friedhof), da holen sich ja die Leut' eine Lungenentzündung bei deiner Leich', das kannst du doch nicht wollen, oder?«

Eine andere Patientin fragt: »Herr Doktor, wann darf ich denn heim?«

»*Was* erlauben Sie sich da? Wann Sie heim dürfen? Packen Sie sofort Ihre Sachen zusammen, verschwinden Sie, bei der nächsten Visite will ich Sie nicht mehr sehen, versteh'n Sie mich? Tz, tz, tz, das Lumpenpack von der Krankenkasse wird heutzutage immer frecher, jetzt wagen sie sogar schon, einen zu fragen, wann sie heim dürfen. So was ist mir in dreißig Jahren noch nicht passiert! Ja, bin ich denn ein Gefängnis? Bin ich denn kein Krankenhaus? Kein Respekt mehr, wie die Großherzogin von *Baden* führen sie sich auf, einfach *un*glaublich!«

Eine alte Patientin ist fertig zur Operation, sie ist eingespritzt und steril abgedeckt. Sie betet leise: »Lieber Gott, segne die Hände der Ärzte, daß alles gut gelingt!«

»Was quatscht die Alte da?« fragt er die OP-Schwester.

»Pst, Herr Doktor, sie betet!«

»Ha, ha, daß ich nicht lache, das kann sie sich sparen, wegen eines Leistenbrüchleins brauchen wir den lieben Gott noch

nicht zu bemühen, das können wir noch alleine fertigbrin-
gen!«

Häufig, wenn wir mit der Visite fertig waren und er wieder
seinen schlechten Tag gehabt hatte, lagen sämtliche Patienten
plärrend in den Betten. Dann machte ich die »Tröstvisite«,
ging noch einmal durch alle Zimmer und sagte: »Er meint's
nicht so bös', er hat halt so eine rauhe Schale, aber der Kern
inwendig ist gut! Nehmen Sie's nicht so tragisch!«

Nach einiger Zeit wußte ich, wie ich ihn zu nehmen hatte. Er
schenkte mir immer größeres Vertrauen und ließ mich immer
mehr selber machen, und wir kamen gut miteinander aus.

Als ich kündigte, um in die Mission zu gehen, war er entsetzlich beleidigt.

»Warum willst du fort? Hab' ich dir nicht so viel Vertrauen
geschenkt wie noch nie einem Assistenten zuvor? Und jetzt,
wo du mir die Arbeit etwas hättest erleichtern können, haust
du ab! Und *wohin*? Nach Cochabamba, zu den Kanaken!
Pfui, schäm' dich!«

»Ich gehe nicht nach Cochabamba, das liegt in Bolivien, sondern in den Gran Chaco, der liegt in Paraguay; und ich gehe
nicht zu den Kanaken, die wohnen in der Südsee, sondern zu
Volksdeutschen und zu Indianern«, sagte ich.

»Ach was, alles eins, du bist viel zu schade, um deine Gaben
im Busch zu vergraben und verkümmern zu lassen! Aus dir
hätte was Rechtes werden können!«

Wenn der gute Mann geahnt hätte, *was* ich im Busch alles
würde machen müssen, dann hätte er, wie ich, gedacht, daß
ich für eine solche Aufgabe noch viel zu wenig kann!

Die Lorelei

Es war in der Zeit der Berlin-Blockade. Alles hungerte noch,
und manche Frau, die unter anderen Umständen wahrscheinlich nie auf die Idee gekommen wäre, wurde zur Gunstgewerb-
lerin. Freilich wurde die Gunst nur an amerikanische Besat-

zungssoldaten verkauft, und die Bezahlung erfolgte ausschließlich in Naturalien – denn Geld? Was konnte man mit Geld schon anfangen, wo es nichts zu kaufen gab? Die Amerikaner gingen in ihre PX-Läden, wo sie alles kaufen konnten, was ihr Herz begehrte und was die Deutschen nicht hatten: Zigaretten, Bohnenkaffee, Schokolade und Pralinen, Lebensmittel jeglicher Art. Auch Schuhe und Kleider, Pelze und Schmuck konnte man sich im Tausch gegen Genuß- und Lebensmittel erwerben, und so lebten die Gunstgewerblerinnen – im Volksmund »Amihur« genannt – wie die Made im Speck.

Natürlich konnte es nicht ausbleiben, daß die eine oder die andere von ihnen berufskrank wurde und ins Krankenhaus mußte.

So hatten wir auf der Gynäkologie eines Tages auch eine solche Frau. Wir nannten sie »Loreley«. Sie war eine strahlende Schönheit, das mußte man ihr lassen, und sie hatte ein heiteres, vergnügtes Wesen, das auch durch ihre schwere Krankheit nicht gedämpft wurde. Wie eine Prinzessin lag sie in ihrem Erste-Klasse-Zimmer aufgebahrt. Ein Meer von frischen und teuren Blumen umgab sie, täglich frisch gebracht, und auf dem Tisch, dem Schrank und den Stühlen lagen Pralinenschachteln und Zigarettenstangen herum, die sie freigebig an Schwestern und Ärzte verteilte.

Der Besucherstrom riß bei ihr nicht ab. Zahllose Amisoldaten – ihre Kundschaft – vom einfachsten GI bis zu den höchsten Chargen gaben sich die Tür in die Hand und brachten Berge von Geschenken und Blumen, und wenn sie einem von uns Ärzten oder Schwestern unter der Tür begegneten, wurden sie nicht müde, uns zu versichern, was für eine »very good woman« die Lorelei sei.

Wir fanden die Anhänglichkeit dieser Männer rührend, hatten wir doch immer die Vorstellung gehabt, daß mit der Befriedigung ihrer Lust auch das Interesse an dem Lustobjekt erloschen sei. Was wir aber noch weniger begreifen konnten, war der Strom einer anderen Sorte von Besuchern, die so gar nicht zu der Prinzessin auf der Erbse zu passen schienen. Es waren alte, schäbig gekleidete, ausgezehrte, halbverhungerte, runzlige Männlein und Weiblein, die müde den Korridor entlangschlurften und uns nach dem Zimmer der Lorelei fragten. So viele Großväter und Großmütter konnte kein Mensch haben, auch nicht Onkel und Tanten. *Wer* also waren sie? Und in welcher Beziehung standen sie zu der Lorelei? Schließlich konnte ich meine Neugier nicht mehr zügeln, und als mich wieder eines dieser Altchen nach dem Zimmer fragte, erkundigte ich mich geradeheraus, ob sie eine Verwandte sei oder was.

»Nein, Herr Doktor«, meinte sie, »ich hab nix mit ihr zu tun, ich bin nicht verwandt und gar nichts. Ich wohne bloß in ihrer Nachbarschaft. Ach, Herr Doktor, *das* ist eine gute Frau, so was gibt's nicht wieder! Sie ist ein Engel in Menschengestalt!

Wir Alten alle, die wir hier kommen, wären längst verhungert und erfroren, wenn *sie* nicht wäre. Sie geht im ganzen Stadtviertel herum und bringt uns Lebensmittel und Kohlen, schleppt das eigenhändig vier Treppen hoch, und wenn was kaputt ist und man keinen Handwerker kriegt – Sie wissen ja, wie das ist, ohne Tausch bekommt man niemanden – schleppt sie einen bei in Nullkommanix. Mit ihren Zigaretten und ihrem Kaffee kann sie ja alles bekommen. *Wir* können ihr gar nichts bringen, wir können sie nur besuchen und ihr gute Besserung wünschen, und selbst hier im Krankenhaus, wo sie nichts mehr für uns tun kann, sorgt sie noch für uns. Sie gibt uns Dinge mit, die wir tauschen können, und so können wir alle nur zu Gott beten, daß sie wieder gesund wird, denn sie hat es verdient! Ich sag' Ihnen noch einmal: Ein Engel in Menschengestalt!«

Mein Bruder und seine Familie lebten in dem von den Russen blockierten Berlin im Keller einer Bombenruine und hatten nicht das Nötigste zum Leben. Als wir bei der Visite darauf zu sprechen kamen, meinte die Lorelei:

»Ach, da kann ich Ihnen helfen. Hier haben Sie eine Stange

Zigaretten, die tauschen Sie sich gegen Eßwaren ein, machen ein Paket fertig und bringen es mir her. Die Piloten der amerikanischen Luftbrücke dürfen ja eine bestimmte Menge an Eigengepäck mit ins Flugzeug nehmen. Ich bin mit einigen befreundet, die nehmen es Ihnen sicher gerne mit.«

So kam es, daß ich meines Bruders Familie während der ganzen Blockade über Wasser halten konnte, indem ich ihnen Woche für Woche ein Paket schickte.

Pharisäer, der ich damals noch war, dachte ich bei mir: »Warum tut die das alles? Will sie ihr schlechtes Gewissen beschwichtigen wegen ihres nichtswürdigen Lebenswandels?«

Aber als ich bei einer Unterhaltung einmal eine vorsichtige Anspielung darauf machte, kam ich schön an.

»*Ich*? Schlechtes Gewissen? Aber warum denn? Ich tu doch niemandem was zuleide! Ich mach allen Menschen nur Freude, nicht nur meinen Männern, sondern auch den vielen alten Leutchen in meiner Nachbarschaft. Ich tu das einfach, weil's mir Spaß macht, verstehen Sie? Jetzt, wo es mir gut geht und allen anderen schlecht, könnte ich mir durch Tauschhandel ein Vermögen erwerben, wie es viele tun. Ich weiß natürlich ganz gut, daß der Tag kommt, wo alles anders wird: Wo man für Geld wieder etwas kaufen kann, wo man für Geld arbeiten muß und wo es mit meiner Schönheit und Attraktivität aus ist. Aber da mach ich mir jetzt noch keine Sorgen. Wenn es so weit ist, werd' ich eben wieder arbeiten gehen. Hauptsache, ich hab' *jetzt*, wo ich's kann, anderen Menschen eine Freude gemacht.«

Und dann erzählte sie mir, wie sie dazu gekommen war, dieses Gewerbe zu betreiben. Sie war als Flüchtling mit zwei kleinen Kindern vom Osten in den Westen gekommen, ihr Mann war im Krieg gefallen und sie war in der großen Stadt allein, ohne Verwandte und Freunde. Alle hatten nichts, niemand konnte ihr etwas geben. In einer zugigen Dachkammer, die ihr vom Wohnungsamt zugewiesen worden war, hatte sie gehaust, und sie hatten zu dritt gefroren und gehungert. Eines

Tages hatte sich auf der Straße ein Ami an sie herangemacht, dem wohl ihre Schönheit trotz der ärmlichen Kleidung aufgefallen war. Sie hatte sich mit ihm eingelassen in der Hoffnung, die damals viele hegten, von ihm geheiratet und nach USA, ins »gelobte Land« mitgenommen zu werden, wo alles Elend ein Ende haben würde. Er hatte sie und ihre Kinder überreichlich versorgt mit allem, was sie zum Leben brauchten. Aber eines Tages wurde er in die Heimat versetzt, von Heirat war nicht die Rede und sie war wieder allein, aber verwöhnt mit allen guten Dingen. So folgte der zweite, der dritte Freund, bis sie schließlich zu dem geworden war, was sie war.

Ich hatte mir bis dahin Engel noch nie als in den Lüften flatternde Wesen vorstellen können, wie sie auf Bildern dargestellt werden. Immer hatte ich gedacht: Engel, das sind Menschen, die Gott einem zu Hilfe schickt, wenn man in Not ist. Aber daß Gott sich auch eine Prostituierte aussuchen könnte, um sie als Engel zu notleidenden Menschen zu schicken, das hätte ich wahrhaftig nie geglaubt. Und doch – wenn ich an die alte Frau dachte, mußte ich annehmen, daß es so war.

Wie pharisäisch wir Christen doch sein können – und wie wir jedes bißchen Gutes, das wir tun, als ein Opfer betrachten, das wir dem Herrn bringen. Immer, wenn ich an jene Lorelei denke, fällt mir Römer 12, Vers 8 ein: »Übt jemand Barmherzigkeit, so tue er's mit Lust.«

Das Bubche

Heute nacht habe ich von dem unglückseligen Geschöpf geträumt, das wir vorgestern zur Welt gebracht haben und das immer noch lebt.

Es war nachts zwölf Uhr, als ich gerade ins Bett wollte; dauernd war etwas los gewesen: kleine Schnittwunden zum Nähen, Nesselsuchten, denen ich Calcium spritzte, kleine Kinder mit Husten, deren Eltern glaubten, sie müßten ersticken, wenn nicht ein Doktor sagte, daß es nichts auf sich habe –

kurzum, so der übliche unbedeutende Routine-Kram in einer Krankenhausambulanz. Dann kam der Krankenwagen vorgefahren. Ich fragte die Nachtschwester, was los sei.

»Ach, nichts für Sie, Herr Doktor, bloß eine Entbindung, Sie können ruhig ins Bett gehen, das machen die Hebammen alleine.«

»Soll mich freuen, wenn Sie recht haben, daß es nichts für mich ist«, sagte ich, »gute Nacht!«

Zehn Minuten später, als ich schon im Bett liege und gerade das Licht ausknipsen will, kommt die Hebamme gerannt:

»Herr Doktor, eine Drittgebärende, die bereits zwei Kaiserschnitte hinter sich hat. Sie hat schon tüchtige Wehen, das Fruchtwasser ist abgegangen, und unglücklicherweise scheint es eine Fuß- oder Steißlage zu sein. Es ist also große Eile am Platz, kommen Sie sofort!«

Schnell fahre ich mit dem Aufzug in den Kreißsaal hinauf und untersuche. Es stimmt alles, was die Hebamme gesagt hat. Es muß operiert werden. Während die Schwester der Gebärenden einen Einlauf macht und sie vorbereitet, telefoniere ich inzwischen mit einem unserer Gynäkologen, der verspricht, sofort zu kommen. Die Operationsschwestern bereiten alles zur Operation vor. Die Patientin ist eine winzigkleine Person von zweiundvierzig Jahren. Sie ist verwachsen, hat einen Buckel und ein rachitisches Becken, weswegen sie auch bei den vorhergehenden Geburten hatte operiert werden müssen. Sie ist ganz ruhig und sagt nur immer wieder:

»Angst habe ich keine, es ist ja schon der dritte Kaiserschnitt, es ist ja die beiden letzten Male auch gutgegangen, aber bringen Sie mir ja das Kind gut zur Welt, ich will doch ein Bubche, um alles in der Welt ein Bubche. Ich hab's meinen beiden Mädchen versprechen müssen, daß ich ein Bubche bringe.«

Nun kommt der Gynäkologe, wir waschen uns, die Frau kommt auf den Tisch, und als die Narkose tief und gut ist, beginnen wir mit der Operation. Es ist ganz still und feierlich im Saal. Die Lampen brennen hell, aber draußen ist es

stockfinstere Nacht. Eine gewissermaßen drückende Atmosphäre herrscht, als ob etwas Ungewöhnliches bevorstünde.
Die Bauchdecken werden durchtrennt, die Gebärmutter liegt
frei. Von den beiden letzten Kaiserschnitten ziehen sich
straffe, narbige Stränge hindurch, und Verwachsungen mit
dem Bauchnetz ziehen wie Haltetaue an einem Fesselballon.
Jetzt der Schnitt durch die Gebärmutter. Ein Schwall von
Fruchtwasser schießt heraus, dann Blut. Mit dicken Mull-
kompressen wird alles aufgesogen, und nun sieht man den
Rücken des Kindes. Mit einem Griff wird zuerst der Kopf
hervorgeholt, dann der Rumpf nachgezogen – am Bauch
hängt eine dunkle, schwammige Masse. Zuerst denken wir
alle, es sei der Mutterkuchen, aber dann begreifen wir, was
los ist, und unsere Gesichter sind starr vor Entsetzen: Es sind
die ganzen Eingeweide, die dem Kind heraushängen. Leber
mit Gallenblase, beide unverhältnismäßig groß, Milz, Dünn-
und Dickdarm. Das Kind hat keine Bauchhöhle, die Bauch-
decke hat sich während der Entwicklung nicht geschlossen;
eine sogenannte Hemmungsmißbildung. Aber – das Kind
schreit! Es schreit, kräftig und lebenshungrig, es pumpt die
Lungen voll Luft, das Herz schlägt deutlich sichtbar. Was
sonst für einen jeden der seligste Augenblick nach der Geburt
ist, und für eine Mutter besonders – wenn ein neugeborenes
Geschöpf seinen ersten Schrei tut, das verstörte uns hier nur
noch mehr. Und es ist auch noch ein Junge!
Die Hebamme nimmt das Kind in Empfang und trägt es ins
Vorbereitungszimmer. Wir anderen verrichten unsere wei-
tere Arbeit ganz mechanisch. Während nebenan das kleine
Wurm schreit, nähen wir die Gebärmutter wieder zu, dann
die Bauchdecken in der üblichen Reihenfolge: Die Operation
ist beendet. Wir wischen uns den Schweiß von der Stirn, es ist
drei Uhr früh. Wie gerädert sinke ich ins Bett.
Um sechs Uhr heißt es aufstehen, da beginnt ein neuer Tag,
randvoll mit Arbeit. Von sieben bis dreizehn Uhr wird operiert, Brüche, Blinddärme, eine Niere, eine Gebärmutter-
geschwulst, kleine orthopädische Operationen, Curettagen,

dazu der übliche chirurgische Kleinkram: Finger- und Zehennägel, Panaritien, Atherome, Gipslongetten.

Nach dem Mittagessen kommen zwei Stunden erquickenden Schlafes. Ah, wie gut das tut. Mir ist immer, als ob ich in einen tiefen Brunnen sänke, wie im Märchen von Gold- und Pechmarie – das war's doch, glaub ich? – um irgendwo anders herauszukommen und auf einer frischen, grünen Blumenwiese spazierenzugehen. Nur wer hundemüde ist, kann die Köstlichkeit des Schlafes ermessen.

Bei der Abendvisite besuche ich unsere Kaiserschnittpatientin von der Nacht. Sie liegt tränenüberströmt im Bett und schluchzt, schluchzt. Die Hebamme hat ihr schon angedeutet, daß mit dem Kind etwas nicht in Ordnung ist.

»Lebt es noch, Herr Doktor?«

Ihr banger Blick, ihre tränenerstickte Stimme verwirren mich, krampfhaft überlege ich, was ich ihr sagen soll.

»Ja, es lebt, aber es kann nicht am Leben bleiben, es ist mißgebildet, verstehen Sie?«

»Ach, warum darf ich es denn nicht ein einziges Mal sehen? Ist es ein Bubche? Meine Mädchen haben immer gesagt: ›Gell, Mammi, du bringst uns ein Brüderchen heim?‹ Oh, ich hab' mir das Kind so sehr gewünscht, Herr Doktor, ich kann Ihnen gar nicht sagen, wie sehr. Ich hab's mir so sehr gewünscht, daß ich sogar den dritten Kaiserschnitt nicht gescheut habe, obwohl mir alle prophezeit haben, daß es nicht gutgehen wird. Ich lebe in schrecklichen Verhältnissen. Durch die Bomben hab' ich alles verloren, alles. Wohnung samt Einrichtung, alles, was ich besaß. Und was das Schlimmste ist: Mein Mann hat mich und unsere Mädchen verlassen, er ist mir untreu geworden, vor zwei Jahren schon, und lebt nun mit einer anderen. Ich wohne in einem möblierten Zimmer bei fremden Leuten, in dem ich auch kochen und waschen muß, eng zusammengepfercht mit den beiden Mädchen. Mein Mann zahlt nichts mehr, seit dieses Kind unterwegs war.«

»Von wem haben Sie es denn?« frage ich.

»Ach, von einem Jugendfreund, wissen Sie. Er ist immer gekommen, als es uns so dreckig ging, als ich alles verloren hatte
und mein Mann weggelaufen war. Er hat mir so viel geholfen,
mit Rat und Tat ist er mir beigestanden.«

»Und? Will er Sie denn nicht heiraten?«

»Ach, wo denken Sie hin, Herr Doktor! Das kann ich doch
dem Mann gar nicht zumuten, eine bucklige Frau wie mich
mit zwei Kindern, ohne Wohnung und ohne Einkommen, zu
heiraten, nein, nein, das fände ich direkt unanständig, wenn
ich ihm das zumuten würde.«

»Aber, warum haben Sie sich denn dann mit ihm eingelassen?«

»Ja nun, das war mehr so ein Akt der Dankbarkeit, verstehen
Sie. Liebe war da nicht im Spiel, ich habe gar nicht so viel für
ihn übrig. Nur das Kind hab' ich mir gewünscht, den beiden
Mädchen ein Brüderchen und mir etwas, woran ich mein
Herz hängen kann, ich hätt' es schon großgebracht. Arbeiten
kann ich ja, und die Mädchen sind schon groß genug, daß sie
hätten auf es aufpassen können.«

Was soll *ich* ihr sagen? Ich junger Mensch von zweiunddrei-
ßig Jahren? Zwar habe ich viel erlebt, gewiß. Doch meine
Erlebnisse liegen alle auf einer so ganz anderen Ebene. Ich
war sechs Jahre im Krieg an der Front, danach in der Gefangenschaft gewesen, mir ist oft übel genug mitgespielt worden
vom Schicksal. Aber hier stehe ich doch da wie ein kleiner,
grüner Junge. Was soll ich ihr sagen?

»Seien Sie doch froh, daß Ihre beiden Mädchen gesund sind
und daß Sie für sie sorgen können. Was könnten Sie dem kleinen Bubche schon bieten, wo Sie doch selbst nichts mehr
haben?« sagte ich. Dann gehe ich in den Säuglingssaal und
besehe mir die unglückselige kleine Kreatur noch einmal.
»Will sie denn nicht sterben?« denke ich. Sie ist zugedeckt,
und das Köpfchen, wohlgebildet, liegt da und schaut aus wie
bei den anderen Kindern. Als Arzt weiß ich es und alle zuge-
zogenen Spezialisten sagen es, daß nichts zu machen ist, daß
es nicht leben kann.

Nachts, im Traum, renne ich noch einmal bei allen Ärzten herum und flehe sie an: »Wollen Sie es nicht operieren? Ach, versuchen Sie es doch bitte, es muß ja doch sterben, da können wir doch irgend etwas versuchen!«

Alle lächeln mich an, als ob sie an meinem Verstand zweifelten: »Aber, Herr Kollege, das ist doch nicht Ihr Ernst? Wie wollen Sie denn das machen?«

Da nehme ich es, immer noch im Traum, aus dem Bettchen, wecke die kleine Schwester Erna vom Kindersaal, von der ich glaube, daß sie mehr Herz hat als die anderen, und sage zu ihr: »Wollen wir nicht probieren, ob wir ihm nicht den Bauch zunähen können? Spätestens morgen ist es tot, wenn es nicht operiert wird. Und die Mutter will das Kind so gerne!«

»Ja«, sagt sie, »ich komme und mache mit.«

Sie hat vom Instrumentieren keine Ahnung, ich, ein junger Assistent, vom Operieren nicht viel. Im Operationssaal beginnen wir, uns die nötigen Instrumente zurechtzulegen. Wir waschen uns, decken das Kind steril ab. Dann beginne ich, voll Verzweiflung zu operieren.

Doch ach, was will ich denn machen? Da ist doch gar nichts zum Zunähen. Die Bauchdecken existieren ja gar nicht. Von den Rippenbögen über die Hüften zum Becken hinunter bis ans Schambein ist eine gähnende Mulde.

»Wollen Sie nicht ein Stück Haut von anderswoher nehmen und einfach über die Eingeweide nähen, damit zu ist?« sagt Schwester Erna.

»Damit zu ist?« Ich lache laut heraus trotz meiner Verzweiflung. »Haben Sie keine Anatomie gelernt? Ist der Bauch etwa bloß mit Haut überzogen? Ist da kein Fett, kein Bindegewebe, keine Muskulatur, keine Faszie, kein Bauchfell? Außerdem: Wo sollte ich jetzt, nachts um ein Uhr, ein Stück Haut hernehmen?«

»Von mir, Herr Doktor! Wenn das Kind sowieso morgen tot ist, dann sehe ich nicht ein, warum man den Bauch nicht genausogut einfach bloß mit einem Stück Haut zunähen soll. Schneiden Sie mir ruhig irgendwo ein Stück heraus.«

»Was Sie vorschlagen, ist so unmöglich, daß ich ins Narren-
haus gehörte, wenn ich es probieren würde.«

Auf einmal erinnere ich mich, daß es ein Mittel gibt, das, flüs-
sig angerührt, zu einer durchsichtigen Platte wie Cellophan
gegossen werden kann. Eine organische Substanz, die sich
völlig mit dem menschlichen Organismus verbindet, wie es
das Catgut tut. Im Glasschrank steht ein Fläschchen davon.
Ich nehme es heraus, gieße die Flüssigkeit auf eine Platte, und
als sie zäh wird und zusammenhängend bleibt, löse ich sie
vorsichtig von der Platte ab und schneide sie mir zurecht.
Nachdem ich alle Eingeweide an ihren richtigen Platz gebracht habe, nähe ich die Kunsthaut mit einer fortlaufenden
Catgutnaht ringsherum an. Dabei werde ich fast wahnsinnig
vor Aufregung, der Schweiß rinnt mir in Strömen übers Gesicht, die Kleider kleben mir am Leib. Als nur noch eine kleine
Lücke in der Naht offen ist, erinnere ich mich plötzlich, daß
doch die Eingeweide völlig unsteril geworden waren, seit das
Kind auf der Welt ist. Das fällt mir das Marbadal ein. »Mar-
ba-da-a-al«, schreie ich, »Schwester Erna, lösen Sie ge-
schwind ein Fläschchen Marbadal in vierzig Milliliter steri-
lem Kochsalz auf und geben Sie es mir in einer Rekordspritze,
aber schnell, nur schnell!« Ich bringe die zubereitete Suspen-
sion in die Bauchhöhle ein und nähe vollends zu. Nun hat das
kleine Wesen einen ganz durchsichtigen Bauch, wie durch ein
Glasfenster kann man die Eingeweide sehen.

»Schwester Erna«, sage ich, »was glauben Sie, wenn das am
Leben bleibt, was das Geld verdienen kann mit seinem durchsichtigen Bauch, auf Jahrmärkten und so! Und das alles bloß
wegen des Marbadals, eines neuen Sulfonamids der I. G., das
unser Chirurg immer, und mit großem Erfolg, anwen-
det…«

Da werde ich, Gott sei Dank, von der Nachtschwester aufge-
weckt. Und ich wische mir die Augen und begreife, daß ich
das alles nur geträumt habe. Schnell renne ich ins Säuglings-
zimmer, um nach dem Kreatürlein zu sehen. Eben war es gestorben. Ich bin wie von einem Alpdruck befreit. »Lieber

Gott«, denke ich, »wie gut, daß die Frau kein drittes Kind hat in ihren Verhältnissen, und wie gut, daß wir Ärzte dir noch nicht so weit ins Handwerk pfuschen können, wie ich es in meinem Traum getan habe!«

Meine erste Staroperation

An einem kleinen Krankenhaus, tief drinnen im Busch, hatte ich einen alten Mann wegen einer Vorsteherdrüse operiert. Alles war gut verlaufen, er war gesund nach Hause gegangen, und ich hatte lange nichts mehr von ihm gehört.

Eines Tages kommt er in die Sprechstunde und sagt: »Herr Doktor, ich bin blind, Sie müssen mich operieren.«

»Das tut mir leid, dafür bin ich nicht ausgebildet, das kann ich nicht.«

»Ach was, das nehme ich Ihnen nicht ab, Sie haben mich so schön an meiner Vorsteherdrüse operiert, jetzt können Sie auch meinen Star operieren.«

»Das eine habe ich gelernt, das andere nicht.«

»Operieren ist operieren, entweder einer kann's oder er kann's nicht. *Sie* können's, das haben Sie bewiesen, also können Sie mir auch meinen Star operieren.«

»Nichts zu machen, ich übernehme nichts, wovon ich überhaupt nichts verstehe.«

»Jetzt passen Sie mal gut auf, Doktor! Wenn *Sie* mich damals nicht an meiner Vorsteherdrüse operiert hätten, wäre ich schon längst tot und läge unterm Rasen und bräuchte jetzt nicht blind zu sein. Also sind *Sie* doch eigentlich schuld, daß ich jetzt blind bin, oder? Daher müssen Sie mich auch jetzt operieren, um Ihre Schuld wiedergutzumachen!«

»Verstehen Sie denn nicht, *wenn* ich Sie operieren würde, ich sage *wenn*, dann wären Sie doch für mich das Versuchskarnickel, ist Ihnen das klar? Haben Sie davor keine Angst?«

»Nein, überhaupt nicht, und zwar aus folgendem Grund: Wenn Sie mich *nicht* operieren, bleibe ich blind, solange ich lebe, denn anderswohin als zu Ihnen kann ich nicht. *Wenn* Sie mich operieren, gibt es zwei Möglichkeiten: Entweder es geht gut, dann sehe ich; oder es geht schief, dann bin ich eben blind, was ich ja jetzt auch bin. Außerdem könnten Sie es ja dann noch am anderen Auge probieren, dann haben Sie ja schon Übung. *Ich* kann also überhaupt nichts verlieren bei der Sache. Darum operieren *Sie* mich. Basta.«

Ich studierte im Lehrbuch die Operation gründlich durch, Instrumente hatte ich, so gab ich seinen überzeugenden Argumenten nach. Mit Zittern und Zagen und in der Hoffnung auf Gottes Hilfe machte ich die Operation: Wir Chirurgen sind im Verhältnis zu den Augenärzten, was ein Grobschmied zu einem Feinmechaniker ist. Die Operation gelang, der Patient ging in sein Buschdorf zurück, nachdem ich ihm gesagt hatte, mit der Starbrille müsse er einige Monate warten, bis die Wunden gut verheilt seien. Glücklich war er schon, daß er in ganz groben Umrissen Dinge wahrnehmen konnte. So hatte er seine Frau gefragt, wieso auf dem Krankenhaushof so viele weiße Leghornhennen herumrennen.

»Das sind keine Hennen«, sagte sie ihm, »es sind Krankenschwestern.« Mich nannte man daraufhin noch lange den Hahn mit seinem Hühnerhof!

Zum Heiligabend klatscht es vor meiner Haustür, und wer steht draußen? Mein alter Bauer mit seiner neuen Brille.

»Ich bin extra den weiten Weg hergefahren, um Ihnen eine Weihnachtsfreude zu machen: Ich kann sehen!«

Natürlich freute es mich, ich dankte ihm gerührt für die große Mühe, die er meinetwegen am Heiligabend auf sich genommen hatte. »Und wann machen Sie mein anderes Auge?«

»Was denn, sind Sie nicht froh, daß Sie mit *einem* sehen können?«

»Nein, auf keinen Fall, jetzt muß das andere auch dran! Hab' ich Ihnen nicht gesagt, daß Sie's können?«

So habe ich nachher noch viele Staroperationen gemacht, zwar nicht alle erfolgreich; aber ich war doch froh, als nach Jahren sich die Verkehrswege so gestalteten, daß die Patienten in die Stadt fahren konnten, um sich solche Operationen machen zu lassen.

Gräfin Teleki

Irgendwo am Paraguay-Strom, hinter Puerto Casado, war eine Zementfabrik von Dyckerhoff + Widmann, die fast den ganzen Bedarf an Zement für das Land Paraguay deckte.

Einer der Aufseher dieser Fabrik, oder vielleicht gar der Direktor, ich weiß es nicht, war ein ungarischer Graf namens Teleki, den es nach dem Russeneinmarsch in Ungarn am Ende des Krieges außer Landes getrieben und nach Paraguay, und zwar an den äußersten Zipfel, verschlagen hatte. Er und seine Frau lebten dort weltabgeschieden unter lauter Einheimischen. Sie hatten drei Kinder, zwei Töchter, welche in Buenos Aires lebten, und einen Sohn, Iśtvan, der in Asunción Architektur studierte. Um ihm sein Studium ermöglichen zu können, hatten sie diese Stellung angenommen und sich in diese Einöde zurückgezogen. In der Hauptstadt hatte der Graf, der ja keinen Beruf erlernt hatte, offenbar nicht Fuß fassen können.

Eines Tages wurde die Gräfin krank, und da wir in einigen hundert Kilometer Umkreis das einzige Krankenhaus waren, machten sie sich auf den Weg zu uns. Zuerst mit der Lancha, dem Flußdampfer, den Strom hinunter bis Puerto Casado. Von dort ging eine Schmalspurbahn zur Beförderung von Quebracho-Holz – aus welchem Gerbstoff gemacht wird – in den Busch bis zur Endstation bei km 145. Die hatte zwar den Namen Fred Engen, den aber niemand benutzte, es hieß nur einfach »km 145«. Von Fred Engen waren es dann noch 110 km bis zu uns in die Kolonie, die man bei Regenzeit nur mit dem Pferdefuhrwerk zurücklegen konnte, da der Schlamm ein Befahren mit Lkw unmöglich machte. Da unsere Bauern tagaus, tagein ihre Baumwollfracht und die Erdnüsse nach km 145 brachten, gab es immer Gelegenheit zum

Mitgenommenwerden, meist nach dem schönen Mennoni-
tensprüchlein: »Na, vielmol dankscheen ook, oder rijkt dat
nich tau« (vielen Dank auch, oder langt das nicht?)
Graf und Gräfin erreichten also nach ziemlich abenteuer-
licher und strapaziöser Reise Filadelfia, wir nahmen die Gräfin im Krankenhaus auf und luden den Grafen, da es ja kein
Hotel gab, zu uns als Gast ein.
Als sie soweit hergestellt war, luden wir auch sie ein, und wir
machten eine der bemerkenswertesten Bekanntschaften unseres ganzen Chacolebens.
Kaum hatte sie unser Wohnzimmer betreten, sah sie unser
Klavier und brach in Jubel aus: »Ein Klavier! Ist es möglich?
Hier ein Klavier, mitten im Busch – alles hätte ich erwartet,
nur das nicht! Darf ich mal spielen?«
Und sie setzte sich hin und begann zu spielen, aber *wie*! Alle
die uns vertrauten klassischen Stücke, Beethoven, Schumann,
Chopin, Schubert, und alles auswendig, aber wie eine per-
fekte Pianistin.
Nun war das Klavier schrecklich verstimmt, was den Genuß
beeinträchtigte. Aber ich hatte wohlweislich alles zum Stimmen Notwendige mitgenommen und mir auch vor der Ausreise von einem Klavierstimmer die Grundbegriffe beibringen
lassen. Da im Chaco das Klima so rasch und oft wechselt,
stets zwischen extremer Trockenheit und schwülfeuchter
Hitze wechselnd, mit Temperaturschwankungen von 40
Grad, oft in wenigen Minuten, mußte man Instrumente viel
öfter stimmen als bei uns daheim. Wir machten uns also gemeinsam daran, die Gräfin und ich, denn für ihre Ohren war
das verstimmte Klavier ja noch weniger ein Ohrenschmaus
als für uns.
Auf unsere verwunderte Frage, wie es käme, daß sie *so* gut
spielen könne, erzählte sie uns, daß sie aus einer hochmusika-
lischen Familie käme, ebenfalls gräflich, und bei ihnen zu
Hause auf ihrem Schloß jedes ihrer Geschwister ein eigenes
Klavier gehabt hätte und einen eigenen Musiklehrer dazu. Da
sei viel Hausmusik gemacht worden, aber es seien auch oft

Künstler zu Konzerten auf dem Schloß verpflichtet worden. Und als sie einen bestimmten Reifegrad erreicht gehabt hätte, habe ihr Vater sie in Wien an der Musikhochschule Klavier und Gesang studieren lassen. Sie habe es zwar bis zum Abschluß gebracht in Klavier und Gesang, aber natürlich sei es in ihren Kreisen undenkbar gewesen, Musik als Beruf auszuüben.

Nun sei sie schon seit vierzehn Jahren in Südamerika, und dies sei ihre erste Begegnung mit einem Klavier. Sie spielte wie berauscht, und uns war's ein Ohrenschmaus. Noten bekamen wir von unserer Ärztin, Frau Dr. Tavonius, die auch ein Klavier, ein uraltes, klappriges, hatte und gut spielen konnte, aber nur für sich allein spielte. Wenn wir zuhören wollten, setzten wir uns in der Dunkelheit vor ihr Haus.

Wir freundeten uns mit den Telekis an und es wurde zur Gewohnheit, daß sie ein-, zweimal im Jahr für zwei Wochen zu Besuch kamen. Sie brachte dann auch die Löwe- und Schubert-, Cornelius- und Wolf-Lieder mit, sie sang und begleitete sich selber. Die Mennoniten, ein sehr musikalisches Volk, aber damals von klassischer Musik unbeleckt, kamen und horchten vor dem Haus zu, wenn sie uns abends ihre Konzerte gab. Es war etwas Neues für sie. So hatten *wir* mitten in der Wildnis klassische Konzerte, und *sie* sagte einmal: »Ich habe so viel verloren, aber die Freundschaft mit Ihnen hat mich für alles entschädigt.«

Noch viele, viele Jahre nach ihrem Tod hat uns ihr Sohn, später nach USA ausgewandert, wo er seinen Grafentitel offiziell ablegte und dies auf gedruckten Karten an seine Freunde bekanntgab, geschrieben und die Erinnerung an seine Mutter wachgehalten.

Der »Halleluja-Walzer«

Wir erlebten unseren ersten Winter im Gran Chaco, als Cornelius, unser ältester Sohn, geboren wurde.

Auf der südlichen Halbkugel dauert der Winter von Juni bis August, manchmal auch einige Monate länger. Er äußert sich mit brausenden Sandstürmen, die bald aus Süden eiskalt, bald aus Norden glühendheiß daherrasen, bis einem Hören und Sehen vergeht. Der pulverfeine Staub ist so dicht, daß man kaum ein paar Meter weit sehen kann. Er dringt durch geschlossene Türen und Fenster, er setzt sich in Nase und Augen fest, knirscht zwischen den Zähnen und kratzt in den Augen, die dann immer rot und entzündet sind. Je nachdem, woher der Wind weht, steigt oder fällt das Thermometer. Kommt er aus Süden, dann sinkt es bis zum Nullpunkt, kommt er aus Norden, vom Äquator her, steigt es bis zu vierzig Grad, und das kann jeweils innerhalb fünf bis zehn Minuten geschehen. Liegt man des Abends schwitzend im Bett, nur mit einem Laken bedeckt, so kann man mitten in der Nacht vor Kälte schlotternd aufwachen und muß die Federbetten aus dem Schrank holen.

Das Regenwasser, im Sommer von den Dächern in Zisternen abgeleitet und dort gespeichert, muß für fünf bis sechs Monate ausreichen, da es während der Trockenzeit im Winter keinen Tropfen regnet. Brunnenwasser kann man, da es salzig ist, höchstens zum Putzen brauchen. Wenn die Zisternen am Ende der Trockenzeit immer leerer werden, schaut man besorgt hinunter und denkt: »Wird es noch reichen, bis die ersten Frühjahrsregen kommen?« Dann blickt man sehnsüchtig zum Himmel und hofft bei jedem Wölkchen, es möchte sich doch über unserem Hausdach entleeren.

Das monatealte Wasser ist brackig und abgestanden. So ist es kein Wunder, daß viele Menschen am Ende der Dürre die Gelbsucht bekommen: Ein Lebervirus geht um, zum Glück nicht sehr bösartig, so daß man von dieser Krankheit bald wieder kuriert ist.

In dieser Jahreszeit wurde unser erstes Söhnlein geboren, auf das wir fünf Jahre lang sehnsüchtig gewartet hatten. Die Geburt verlief komplikationslos. Ich hatte dem Kind, wie auch allen folgenden, selber zum Leben geholfen. Aber bald darauf fing Erika an, über Atemnot zu klagen. Sie hatte bei jedem Atemzug Stechen in der Brust. Ich konnte mir nicht erklären, was die Ursache sein könnte. Ich gab dem fürchterlichen Sandsturm die Schuld, der ja auch uns anderen fast den Atem benahm. Wie die meisten Ärzte bin auch ich »schwerhörig« gegenüber Krankheiten meiner eigenen Angehörigen, und so sagte ich zu Erika: »Ach, hab dich nicht so, das ist der Sandsturm, den müssen die Leute hier alle aushalten. Sie leben schon so viele Jahre hier und sind nicht daran gestorben, also werden auch wir ihn überleben, so unangenehm er auch sein mag.«

Ein paar Tage später bemerkte ich, daß Erika gelb wurde. Es wurde ihr unheimlich schlecht. Alles, was sie aß, erbrach sie sofort. Der Durst war bei der Hitze und dem ewigen Staubsturm groß, aber es ekelte sie vor dem schalen, abgestandenen Zisternenwasser. Schon allein der Geschmack verursachte ihr Brechreiz. Intravenöse Infusionen, die heutzutage in solchen Fällen eine Selbstverständlichkeit sind, gab es damals noch nicht. Einen Eisschrank hatten wir zu jener Zeit noch nicht, alles, was wir ihr zu trinken anboten, war lau: Zitronensaft, Kaffee, Tee, alles. Allmählich wurde ihr Zustand bedenklich. Der Atem ging keuchend, sie verlor rapide an Gewicht, ich mußte das Schlimmste befürchten.

Da hatte ich einen zehn Tage alten Säugling, eine sterbenskranke Frau; weitab von der Heimat und meinen Verwandten saß ich im südamerikanischen Busch, zwar unter lieben Menschen, aber doch entsetzlich allein. Ich fragte mich: »Hast du es falsch gemacht, als du hierher gingst? Hast du wieder einmal, wie schon früher im Leben, gemeint, es sei Gottes Wille und Weg für dich, und dabei war's doch nur dein eigener Wunsch?«

Schlaflos und sorgenvoll wälzte ich mich auf meinem Bett,

neben mir meine keuchende Frau, schon im Delirium vor Durst und Entkräftung. Immer wieder sagte sie: »Wasser!«, und wenn ich ihr einen Becher voll reichte, murmelte sie im Halbbewußtsein: »Nein, nicht *das* Wasser, ich möchte Wasser aus einer Quelle im Schwarzwald! Diese Brühe schmeckt abscheulich!«

In meiner Ratlosigkeit und Verlassenheit rannen mir die Tränen übers Gesicht, und ich fragte wieder und wieder: »Was soll ich tun, lieber Gott? Was soll ich nur tun? Sag mir, was ich tun soll, ich weiß nicht mehr weiter.«

Da erklang um Mitternacht vor unserem Schlafzimmerfenster eine Melodie. Ein junges Mädchen sang mit einer engelreinen Sopranstimme, auf einer Zither begleitet, ein Lied. Eines von jenen, die wir in unserer Jugend respektlos mit »Halleluja-Walzer« bezeichneten; ein Evangeliumslied also.

> »Fürchte dich nicht länger, sieh, ich bin bei dir«,
> das ist meine Leuchte auf dem Wege hier.
> Durch die Wolken funkelt der Verheißung Licht:
> »Siehe, ich bin bei dir, und ich verlasse dich nicht!«
> Nein, niemals allein, nein, niemals allein!
> So hat der Herr mir verheißen,
> niemals läßt er mich allein.

So klang es glockenhell durch die stille Nacht im Busch. Mir, einem begeisterten Motetten- und Kantatenliebhaber und -sänger waren diese Art Lieder immer als ein Inbegriff von Kitsch erschienen, und ich hatte geglaubt, Johann Sebastian Bach müsse sich im Grabe umdrehen, wenn er sie hören könnte.

Und nun war ausgerechnet mir auf einem Tiefpunkt meines Lebens ein solcher Halleluja-Walzer zum Anstoß geworden. Er ließ mich neue Zuversicht und Hoffnung schöpfen. Ich hatte meinen Tiefpunkt überwunden.

Bald darauf setzten die ersten Frühjahrsregen ein, das frische Wasser schmeckte besser. Die Lebererkrankung Erikas, gegen die es keine spezifische Behandlung gab, heilte aus. Nur ihre Atemnot blieb. Fünf lange Monate vergingen, bevor das erste Flugzeug aus der Hauptstadt kam und sie zu einem Lungenspezialisten bringen konnte. Die Reise dahin hätte zu Lande und auf dem Flußweg eine ganze Woche gedauert, und das konnte man ihr bei ihrem geschwächten Zustand nicht zumuten.

Es stellte sich heraus, daß ihr unter der Geburt von Cornelius das Rippenfell gerissen war und sie so einen Spontanpneumothorax bekommen hatte. Fünf Monate hatte sie also nur mit einer Lunge atmen müssen. Die andere war auf die Größe einer Faust zusammengeschrumpft gewesen. Aber auch dieses Leiden konnte behoben werden. Als das Weihnachtsfest kam, mit fünfundvierzig Grad Schattentemperatur, war alles gut, und wir konnten es als glückliche kleine Familie frohen Herzens und unbeschwert feiern.

Die berühmte Frau Eismann

»Kennen Sie mich nicht? Mich nennen sie alle ›die berühmte Frau Eismann‹«, pflegte sie zu sagen.

Sie war nach dem Zweiten Weltkrieg mit einer Gruppe von Rußlandmennoniten nach Paraguay gekommen, obwohl sie selber keine Mennonitin war. In Rußland hatte sie als Hebamme »studiert«. »Ich kann alles und weiß alles, was mit der Medizin zusammenhängt, *mir* macht so leicht keiner was vor! Ich nehme es mit jedem Arzt auf, deshalb nennen sie mich ja auch alle ›die berühmte Frau Eismann‹.«

Und so war es denn auch kein Wunder, daß sie sich sofort nach ihrer Ankunft daranmachte, neben ihrer Hebammentätigkeit eine rege Praxis zu entfalten; ja, man konnte besser sagen, sie übte den erlernten Hebammenberuf neben ihrer Heilpraxis aus. Nicht nur wußte sie für alle Krankheiten ein Mittel, sondern sie richtete auch Knochenbrüche ein, eine Wissenschaft, die sie »ererbt« hatte.

»Die Leute sagen immer, der Doktor hat es bloß gelernt, aber unsereiner hat es ererbt, unsereinem liegt es im Blut, verstehen Sie, darum haben sie auch zu unsereinem ein viel größeres Zutrauen als zum Doktor, der es bloß gelernt hat.«

Für mich war jeder Knochenbruch, der ins Krankenhaus kam, eine Prestigefrage. Denn wenn irgendein Bruch schief oder schlecht zusammenheilte, oder wenn bei der enormen Hitze das gebrochene Glied unter dem Gips anschwoll, so daß der Gips die Blutzirkulation abschnürte, das Glied in Gefahr stand, abzusterben – immer stand unser Ruf auf dem Spiel, denn: »bei der Knochenärztin wäre das nicht passiert!«

Eines Tages erfaßte die Einwanderer das Kanadafieber. Im Gran Chaco war es heiß, war es trocken, man litt unter dem dauernden Wassermangel, da man während der sechsmonatigen Trockenzeit ausschließlich von Zisternenwasser leben mußte, das man in der Regenzeit von den Dächern aufgefangen hatte. Die Siedler, welche zuerst Neuland roden mußten, bevor sie sich ihre Nahrung anpflanzen konnten, lebten in der ersten Zeit mehr als ärmlich. Es war ein hartes Los im weltverlassenen Busch, fünfhundert Kilometer Luftlinie von der nächsten Stadt entfernt.

Als daher die Verwandten, welche aus Deutschland nach Kanada ausgewandert waren, schrieben, *wie* gut es ihnen dort gehe, war es kein Wunder, daß Scharen von Siedlern beschlossen, ihr bißchen Hab und Gut zu veräußern und nach Kanada überzusiedeln. Auch unsere berühmte Frau Eismann hatte das Kanadafieber gepackt.

Wir waren gerade im Operationssaal beschäftigt, als eine Schwester hereinkam und unserem Narkotiseur ins Ohr flüsterte: »Herr Käthler, draußen ist Frau Eismann und läßt fragen, ob Sie ihr nicht ihre Hühner abkaufen wollen.«

Herr Käthler, unser Narkotiseur, war nämlich der Krankenhausverwalter, der auch die Lebensmittel fürs Krankenhaus einkaufte. Außerdem war er, ein wahres Universalgenie, auch Brillenoptiker, Apotheker und Röntgenassistent, ohne je eines dieser Fächer studiert zu haben, er hatte sich alles selber vom Abgucken angeeignet. »Nun, sehen Sie denn nicht, daß wir jetzt operieren? Wie kann ich mich da nebenher um die Hühner von Frau Eismann kümmern? Sagen Sie ihr, sie soll ein andermal kommen.«

Die Schwester geht, die Schwester kommt.

»Herr Käthler, die Frau Eismann sagt, sie möchte ihre Hühner gleich verkaufen, weil sie nach Kanada fahren will.«

»Fragen Sie sie, wie viele es sind.«

Die Schwester geht, die Schwester kommt.

»Frau Eismann sagt, es sind achtzehn Hühner.«

»So viele auf einmal? Sie soll sie in der Krankenhausküche abgeben. Aber nun will ich meine Ruhe haben, ich muß mich auf meine Narkose konzentrieren.«

Die Schwester geht, die Schwester kommt.

»Frau Eismann sagt, die Hühner sind noch lebendig, aber sie möchte ihr Geld gleich haben, da ihr Flugzeug in die Hauptstadt gleich abgeht.«

»Zum Kuckuck, wo soll ich denn mit lebenden Hühnern hin? Wir haben doch beim Krankenhaus keinen Hühnerstall, und auf dem Krankenhaushof frei herumlaufen lassen können wir sie auch nicht. Und jetzt ist *Schluß*!«

Die Schwester geht, die Schwester kommt.

»Frau Eismann sagt, die Hühner seien noch bei ihr zu Hause auf dem Hof, wir sollen sie uns dort abholen, aber sie bittet gleich um ihr Geld.«

Nun muß man wissen, daß die Siedler in den Anfangsjahren eine sehr merkwürdige Hühnerhaltung hatten. Man baute ihnen keine Ställe, sondern ließ sie den ganzen Tag frei herumlaufen, denn hinter dem Hof begannen gleich die Felder, und wo die Felder zu Ende gingen, begann der Busch, die Wildnis. Wenn es dann Abend wurde, flatterten die lieben Vögelchen hinauf auf die Paradiesbäume, bis in die höchsten Wipfel, um vor Schlangen und anderen wilden Tieren, deren es ja im Busch genug gab, gesichert zu sein. Sie legten ihre Eier, wohin es ihnen beliebte. Die zehn oder zwölf Kinder der Bauernfamilie waren, wenn die Mutter Eier zum Kochen brauchte, ununterbrochen am Eiersuchen. Sollte ein Huhn geschlachtet werden, um in den Suppentopf zu wandern, dann mußte ebenfalls von der ganzen Kinderschar Jagd auf das Geflügel gemacht werden.

»Hat sie denn die Hühner auf ihrem Hof wenigstens einge-sperrt?« fragte Herr Käthler, »damit wir sie abholen lassen können?«

Die Schwester geht, die Schwester kommt.

»Frau Eismann sagt, die Hühner sitzen noch auf den Bäumen, wir sollen sie uns selber fangen, und ob sie jetzt ihr Geld haben kann, ihr Flugzeug geht gleich ab.«

»Nun reicht's mir aber«, sagt der sonst so ruhige Herr Käth-ler, »sagen Sie ihr, sie soll in Gottes Namen reisen, aber sie *soll* reisen, und zwar sofort, und von ihren Hühnern will ich kein Wort mehr hören! Schluß jetzt!«

Unter diesen munteren Reden war die Operation beendet. Als wir aus dem OP kamen, hatte die berühmte Frau Eismann dem Gran Chaco für immer den Rücken gekehrt.

Hoffen wir, daß sie in Kanada ihr Glück gefunden hat!

Anneliese

Unsere Kinder pflegen zu sagen: »Die Eltern haben die per-fekte Arbeitsteilung: Vater bringt die Probleme nach Hause, und Mutter versucht, sie zu lösen.«

So war das auch mit unseren Taubstummen-und-Wolfsra-chen-Hasenschartenkindern.

Im Gran Chaco lebte ein neunundzwanzigjähriges Mädchen, das taubstumm war und nie eine Schule hatte besuchen kön-nen, da es eine derartige Anstalt im Land Paraguay nicht gab. Ich machte mir fortwährend Gedanken, wie dem abzuhelfen sei, denn mir kam es so trostlos vor, wie das arme Ding so dahinleben mußte, ohne zu wissen, daß ein Haus ein Haus, eine Kaffeekanne eine Kaffeekanne oder eine Kuh eine Kuh ist. Aber ich hatte in meinem ganzen Leben noch nie etwas mit Taubstummen zu tun gehabt – Gehörlosen, sagt man heute – und hatte keine Ahnung, wie man denen etwas beibringt. Da erfuhr ich, daß irgendwo im Busch zwei Taubstumme lebten, die schon in Europa zur Schule gegangen waren. Denen schrieb ich und fragte an, ob sie mir nicht zeigen könnten, wie so ein Unterricht abgehalten wird. Sie waren nur zu gerne bereit, gab doch diese Aussicht ihrem monotonen Leben einen neuen Auftrieb.

Wir verabredeten also einen Abend in der Woche, an dem die beiden »Lehrer« und die Schülerin zu mir ins Haus kommen sollten und wo ich Unterricht im Unterrichten bekäme.

Wie sich so ein Unterricht abspielt, das zu erzählen würde hier zu weit führen. Aber kaum konnte das Mädchen nach einigen Wochen ihren Namen schreiben und Mama und Papa sagen, so sprach es sich mit Windeseile in allen deutschen Siedlungen im Lande herum: »In Fernheim gibt es jetzt eine Taubstummenschule«!

So kamen nacheinander, ohne vorherige Ankündigung, Eltern mit Kindern aus ganz Paraguay, aus Brasilien, Bolivien, Uruguay und Argentinien zu uns heraus in den Busch und wollten ihre Kinder auf der »Taubstummenschule« anmelden. Alle unsere Vorhaltungen, daß davon keine Rede sein könne, daß wir viel zu wenig verständen, um uns Taubstummenlehrer nennen zu können, daß wir weder Gebäude noch Mittel hätten, um eine solche Institution zu unterhalten, halfen nichts. Die Eltern weinten, weil sie sich um ihre Hoffnung betrogen sahen.

»Lassen Sie sie halt einmal da, wir werden schon weitersehen«, sagte Erika, und bald hatten wir unser kleines Haus voll, voll, voll mit Kindern, die alle, da sie ja nichts hören konnten, mit voller Lautstärke brüllten, lachten und tobten, so daß wir uns verzweifelt die Ohren zuhalten mußten.

Unser erster Unterricht bestand also darin, die Kinder zum Stillsein zu erziehen.

Schon bald wurde uns klar, daß ich neben meiner Krankenhausarbeit nicht die Zeit hätte, all die Kinder zu unterrichten. Wie üblich mußte also Erika die Sache übernehmen. Aber dann wiederum hatte sie nicht die Zeit, für alle zu kochen, zu nähen, zu putzen. Wir mieteten also ein Haus, welches dem unseren gerade gegenüber lag und zufällig frei war. Eine unserer Krankenschwestern erbot sich, als Hausmutter mit den Kindern zu leben und für sie zu kochen, so daß sie zum Unterricht bei uns – drei Zimmer wurden zu Klassenzimmern umfunktioniert –, zum Essen und Schlafen aber drüben im Internatshaus waren. Sonntags, wenn die Bauern aus ihren Dörfern im Busch zur Kirche kamen, wurde nach dem Gottesdienst verabredet, welches Dorf in der nächsten Woche die Verpflegung für die Taubstummen liefern würde. Die Kinder des Dorfschulzen gingen von Hof zu Hof und sammelten Lebensmittel ein, und einer der Bauern brachte sie mit dem Fuhrwerk nach Filadelfia, dem Städtchen der Kolonie Fernheim. So war die Sache bald aufs beste organisiert, und es waren weder Verwaltungs- noch sonstige Kosten entstanden.

Nun gab es aber damals auch im ganzen Land Paraguay keinen einzigen Arzt, der Hasenscharten und Wolfsrachen operieren konnte, so daß diese unglücklichen Geschöpfe verunstaltet, wie sie von Geburt waren, aufwuchsen und von ihren Eltern meist aus Schamgefühl versteckt gehalten wurden.

Ein deutscher Arzt hat im Ausland einen ganz unverdienten Nimbus. So kamen bald Eltern mit solchen Kindern zu uns heraus in die Kolonie und wollten sie von mir operieren lassen. Sie waren der Meinung, ein deutscher Arzt müsse alles können.

»Es tut mir schrecklich leid, aber ich habe in meinem ganzen Leben noch nie eine solche Operation gemacht. Ihr Kind ist mir zu schade, als Versuchskarnickel zu dienen.«

»Aber wenn *Sie* es nicht tun, dann tut's überhaupt keiner; haben Sie doch Mitleid mit dem armen Geschöpf und versuchen Sie es.«

»Ich will ihm aber nicht durch meine Unfähigkeit seine Zukunft zerstören. Ich will Ihnen jedoch etwas vorschlagen. Warten Sie noch bis nächstes Jahr. Dann fahre ich auf Urlaub nach Deutschland und will es lernen, damit ich Ihr Kind dann mit mehr Sachkenntnis als jetzt operieren kann.«

Von langer Hand wurde alles vorbereitet. Ich schrieb an eine Chirurgieprofessorin in Frankfurt, eine berühmte Kapazität für solche Operationen, und fragte bei ihr an, ob ich bei ihr diese Operationstechnik erlernen könne, wenn ich im nächsten Jahr nach Deutschland käme. Gewöhnlich ist es nicht leicht, an solche Koryphäen heranzukommen. Aber vielleicht mag die Tatsache, daß ihr Ruhm schon bis in den paraguayischen Busch gedrungen war, ihr geschmeichelt haben. Sie sagte jedenfalls sofort zu, und wir verabredeten die Zeit, wann ich zu ihr kommen sollte. Sie fragte auch, wen ich denn hätte, um den operierten Kindern den logopädischen Unterricht zu geben, denn der Erfolg der Operation hänge ja nicht nur vom *kosmetischen*, sondern auch vom *phonetischen* Aspekt ab. Alle Kinder, die mit einem Wolfsrachen geboren werden, haben eine unschöne, näselnde Sprache, die auch dann noch bleibt, wenn sie mit Erfolg operiert sind. Sie müssen daher hinterher einen speziellen Sprechunterricht bekommen, damit sie korrekt sprechen können, eben die Logopädie. Was lag näher, als daß Erika, meine »Allzweckfrau«, diese Aufgabe übernahm? Sie, die einmal in ihrem Leben A gesagt hatte, mußte nun ihr ganzes Leben lang fortwährend B, B, B, B sagen.

Mit unserem Taubstummenunterricht, an dem ich, soviel meine Zeit erlaubte, immer noch teilnahm, waren wir inzwischen an einem toten Punkt angekommen: an den abstrakten Begriffen.

Die Kinder der normalen Schule hatten im Zeichenunterricht auf unsere Bitte hin Hunderte von Gegenständen auf Zeichenpapier gemalt, damit hatten wir die Wände unserer Zimmer tapeziert, damit unsere taubstummen Kinder die Dinge, die sie lernen sollten, ständig vor Augen hatten und auswendiglernen konnten. So war der Unterricht bis jetzt relativ leicht gewesen, nachdem sie einmal das Sprechen und Lippenlesen gelernt hatten. Aber wie erklärt man taubstummen Kindern, was Ehre, Glaube, Liebe, Treue ist?

Wir beschlossen also, beides zu kombinieren, Logopädie und Taubstummenunterricht. Obwohl es uns nicht leicht fiel, trennten wir uns während unseres Deutschlandurlaubs. Ich arbeitete am Bürgerhospital in Frankfurt bei jener Professorin, die mir für die Zeit meines Aufenthaltes nicht weniger als fünfzig Fälle zusammengespart hatte, damit ich die Zeit recht nutzbringend verwenden konnte. Erika ging an die Taubstummenschule in Nürnberg, wo der Direktor und alle Lehrer sich sehr ihrer annahmen, damit sie in der kurzen Zeit eine möglichst zusammengedrängte Ausbildung erhielt. Eine meiner Krankenschwestern, die ich aus Paraguay mitgenommen hatte, arbeitete auf der Kinderstation des Frankfurter Krankenhauses, um die sachgemäße Pflege der operierten Hasenscharten- und Wolfsrachenkinder zu erlernen. Kurz, wir fanden überall offene Türen und hilfsbereite Menschen.

Dabei fällt mir ein heiteres Erlebnis ein. Am Frankfurter Krankenhaus wußten natürlich bald alle Ärzte und Schwestern von meiner Anwesenheit, und jeder wollte mir etwas für meine Arbeit im Busch mitgeben, vor allem Medikamente. So ging ich jeden Tag mit einer großen Aktentasche dahin und sammelte auf den Stationen Operationsmaterial und Medikamente ein. Eines Tages rief auf dem Korridor eine Schwester hinter mir her:

»He, Sie!«

»Komische Sitten sind in Deutschland eingekehrt«, dachte ich so bei mir, »jetzt schreien die Schwestern schon den Ärzten: ›He, Sie‹ hinterher.«

»Ja bitte, was wünschen Sie?«

»Kommen Sie mal nach Zimmer 315.«

»Was soll ich da?«

»Dumme Frage, Haarschneiden natürlich!«

»Entschuldigen Sie, ich bin Doktor Dollinger aus Paraguay,

ich habe kein Haarschneidewerkzeug bei mir, das habe ich zu Hause gelassen.«

Mit einem »huuuuuuhhh« sauste sie um die Ecke, und ich habe sie nicht wieder gesehen.

Mit neuen Kenntnissen ausgestattet kehrten wir nach Paraguay zurück. Das erste Kind, welches mir zur Hasenschartenoperation gebracht wurde, war ein kleines Mädchen namens Anneliese. Sie sah schrecklich entstellt aus, denn sie hatte eine sogenannte doppelte Lippenspalte, dazu noch Kiefer- und Gaumenspalte, also die allerschlimmste Form dieser Mißbildung – und das sollte gleich mein erster Fall sein.

Die Operation fiel gut aus, und bald sprach es sich im Lande herum. So wurden mehr und mehr solcher Kinder gebracht, die wir nach der Operation in der Taubstummenschule mit den anderen Kindern unterbrachten und die meine Erika ebenfalls in unserem Haus unterrichtete.

Jedesmal, wenn ich Anneliese sah, fiel mir ein alter Schlager ein, der in meiner Jugend in Deutschland Mode war:
»Anneliese, ach Anneliese, warum bist du böse auf mich?«
Ich sang ihn ihr vor, und prompt kam jedesmal mit ihrer näselnden Stimme die Antwort: »Ich bin ja gar nicht böse!«
Die anderen Kinder wollten sich jedesmal ausschütten vor Lachen, wenn sie immer wieder auf den gleichen harmlosen Scherz hereinfiel.

In der Zeit, während wir diese vielen Kinder in unserem Haus hatten – immer zwölf bis fünfzehn an der Zahl –, bekam Erika unsere fünf Kinder und war fortwährend schwanger. Meine Eltern waren gar nicht einverstanden mit dem, was wir taten.

»Deine Frau ist wieder schwanger«, schrieb meine Mutter, »und Du hast nichts Besseres zu tun, als ihr das Haus voller Mißgeburten zu laden. Weißt Du nicht, daß man eine schwangere Frau nur mit schönen Dingen umgeben soll? Was ist, wenn Ihr jetzt auch so ein Baby bekommt?«
Und mein Vater schrieb: »Nächstenliebe ist ja gut und schön, aber man kann sie auch zu weit treiben! Denke doch auch

einmal an Deine Frau! Was Du ihr zumutest, ist einfach zuviel des Guten!«

Ich schrieb zurück: »Liebe Eltern! Erstens ist Deine Theorie, Mutter, daß eine schwangere Frau sich ›vergucken‹ und deshalb eine Mißgeburt zur Welt bringen könnte , medizinisch unhaltbar. Ich kann sie als Wissenschaftler nicht akzeptieren. Und als *Christ* glaube ich nicht, daß Gott unsere Kinder dafür bestrafen wird, daß wir diesen armen Kreaturen helfen. Und, Vater, ob man die Nächstenliebe *zu* weit treiben kann, bezweifle ich. Heißt es denn nicht: ›Liebe deinen Nächsten wie dich selbst?‹«

Unsere Kinder wurden alle gesund geboren und wuchsen zusammen mit den Taubstummen und Sprachgestörten auf, haben sich aber ganz normal entwickelt.

Nach achtzehn Jahren flogen wir wieder einmal in den Gran Chaco, wo ich an unserem ehemaligen Krankenhaus drei Monate den Arzt vertreten sollte. Wie in alten Zeiten fuhren wir auch da wieder mit einem Krankenhausteam auf die Dörfer im Busch hinaus, um bei der Bevölkerung Reihenuntersuchungen zu machen, da das Trachom, eine tropische Augenkrankheit, wieder sehr grassierte.

Jung und Alt stellte sich zur verabredeten Zeit in der Dorfschule ein, um sich untersuchen zu lassen, und es war ein frohes Wiedersehen mit vielen alten Freunden. Eine neue Generation war inzwischen herangewachsen.

Die Eltern von damals waren Großeltern und grau geworden, die Jugend von damals hatte schon halbwüchsige Kinder, und die Kinder von damals hatten jetzt schon selber Kinder.

Eine junge Frau, Mitte Zwanzig, stand mit ihren Kindern in der wartenden Schlange. Eins der Kinder hatte ein hübsches deutsches Bilderbuch in der Hand.

»Hast du aber ein schönes Buch!« sagte ich.

»Kennen Sie es nicht mehr?« fragte die Mutter. »Das haben Sie mir geschenkt, als ich fünf Jahre alt war. Kennen Sie *mich* auch nicht mehr? Ich bin die Anneliese! Und ich bin immer noch nicht böse!«

Sie war damals aus einem weit entfernten Landesteil zu uns zur Operation gebracht worden. Dort gab es weder Schulen noch religiöses Leben. So brachten die Eltern Anneliese, nachdem sie ins Schulalter gekommen war, in die Kolonie Fernheim, wo ihnen das hochentwickelte Schulwesen sehr imponiert hatte. Man konnte das Abitur in deutscher und spanischer Sprache machen, und auch ein Lehrerseminar war am Ort, staatlich anerkannt.

Anneliese absolvierte beides mit Erfolg und wurde Lehrerin. Aber sie kam bei den Mennoniten auch zum Glauben an Jesus Christus. Sie holte nach und nach ihre ganze Familie herüber, zuerst die Geschwister, und nachdem der Vater gestorben war, kam auch die Mutter noch nach. Alle ließen sich taufen und in die Gemeinde aufnehmen. Anneliese heiratete den Dorfschulzen, einen Großbauern oder besser Großfarmer, bekam einige hübsche und gesunde Kinder und blieb weiter die Lehrerin des Dorfes.

Ihre Mutter zog hinaus auf die Missionsstation zu den Indianern und versorgte als Hausmutter und Köchin die Kinder des Internates. Das war ein frohes Wiedersehen!

Der Überfall

Von all den Indianerstämmen, die im Gran Chaco lebten, bevor die deutschen Siedler ins Land kamen, war nur einer »wild« geblieben, die Ayoreos. Alle anderen Stämme hatten sich mit den Weißen arrangiert und waren gut versorgt und zufrieden. Die Ayoreos hatten sich noch tiefer in den Busch zurückgezogen, in das noch unerforschte Gebiet zwischen Paraguay und Bolivien, den berühmten »weißen Fleck auf der Landkarte«.

Von Zeit zu Zeit tauchten die Ayoreos blitzartig auf, überfielen entweder einen der bei uns lebenden Indianerstämme, oder auch ein deutsches Dorf, und richteten ein großes Massaker an; darauf verschwanden sie genau so schnell, wie sie gekommen waren, ohne irgend etwas mitzunehmen. Es waren also keine Raubüberfälle. Ihre Absicht war offenbar nur, uns einzuschüchtern und aus ihrem Gebiet zu vertreiben.

Der wilde Indianer geht niemals bei Nacht fort, denn bei Nacht spuken die bösen Geister. Die ganze Nacht hindurch brennen die Lagerfeuer, um die Geister fernzuhalten, und ihre Indianertänze mit dem typischen »Indianergeheul« dienen hauptsächlich dem gleichen Zweck. Die Überfälle erfolgten immer bei Tag, in der Siestazeit nach dem Mittagessen. Da ist es in den Tropen am heißesten, man ist von der Hitze wie gelähmt, es herrscht überall eine Grabesstille wie niemals bei Nacht, wo einen schon die tausend Stimmen der Zikaden, Ochsenfrösche, Käuze, die Myriaden von Mücken und die Laute der übrigen Nachttiere des Urwaldes nicht schlafen lassen.

Vor einem Überfall schmieren sich die Ayoreos ihre Körper mit Tigerfett ein, um durch den Geruch die Hofhunde zu verängstigen, die dann auch furchtsam unter die Betten ihrer Herren kriechen, ohne einen Laut von sich zu geben.

Nach einem solchen Überfall glich unser Krankenhaus einem Hauptverbandplatz im Kriege: Eingeschlagene Schädel, gebrochene Gliedmaßen, mit Speeren durchbohrte Bäuche, aus denen die Därme heraushingen, riesige Fleischwunden.

Eines Tages war es wieder soweit. Der Schrei: »Die Ayoreos« erscholl in den Straßen, die Sturmglocken läuteten. Alle brachten sich, so gut es ging, in Sicherheit in der Hoffnung, daß der Überfall diesmal nicht ihnen gelte.

Bald darauf brachte man uns schon die ersten Verwundeten ins Krankenhaus. Unter ihnen war eine Frau des Chulupí-Stammes.

Der Skalp war ihr vom Kopf gezogen, hing aber noch hinten im Nacken, der Schädel war eingeschlagen, das Gehirn hing zerfetzt heraus. In der Hand hielt die Frau das herausgeschlagene Stück Knochen vom Schädeldach. Natürlich war sie bewußtlos, aber ihr Baby hatte sie noch schützend im Arm.

»Da ist nichts mehr zu machen«, sagte ich mir. Der Schwester gab ich Anweisung, das Baby in ein Bettchen zu packen und ihm ein Fläschchen zu geben. »Die Wunde der Frau decken Sie ab. Geben Sie ihr eine Morphiumspritze, damit sie wenigstens ohne Schmerzen sterben kann.«

Nachdem alle anderen Verwundeten versorgt und in den Betten waren, ging auch ich schlafen. Es war mittlerweile Abend geworden. Mitten in der Nacht klatscht es vor dem Schlafzimmerfenster. Die Nachtschwester ist es.

»Herr Doktor, die Chulupífrau ist zu sich gekommen. Sie sagt, sie möchte etwas zu trinken und möchte ihr Baby zum Stillen haben. Darf sie das?«

»Nein, um Himmels Willen! Wenn die Sache so ist, dann schaffen Sie sie schleunigst in den Operationssaal. Wecken Sie das Operationsteam auf und lassen Sie alles vorbereiten, ich komme sofort.«

Mit ein wenig intravenöser Betäubung – Infusionen gab es damals noch nicht – tat ich, was ich tun konnte: Ich schnitt die zerfetzten, heraushängenden Hirnteile weg, spülte den Schädelknochen ab und legte ihn wie einen Topfdeckel auf den Kopf, obwohl er den Defekt nicht völlig decken konnte, zog den Skalp von hinten nach vorn wie eine Mütze und nähte ihn mit groben Stichen an, so daß das Wundsekret abfließen konnte. Trotz Antibiotika und Kreislaufmitteln gab ich ihr eine minimale Überlebenschance. Jedoch hatte ich getan, was ich konnte und was mir meine spärlichen Hilfsmittel erlaubten.

Was ich nicht zu hoffen gewagt hatte, geschah: Sie erholte sich rasch, wurde zusehends munterer, alles verheilte schön, und nach zehn Tagen ging sie mit ihrem Baby nach Hause. Das heißt, nicht nach Hause, sie holte nur ihre restliche Familie ab und bestand darauf, mit Kind und Kegel auf die nächstgelegene Missionsstation zu ziehen – wohl, weil sie sich da vor den Ayoreos sicherer fühlte.

Immer, wenn ich samstags die Missionsstation besuchte, hatte ich Gelegenheit, sie zu sehen. Mit Spannung wartete ich, was aus ihr werden würde, denn ich sagte mir: »Was

wird aus einem Menschen, dem ein Teil seines Gehirns fehlt?
Bekommt er Gedächtnislücken? Wird er Lähmungserschei-
nungen zeigen? Bekommt er eine traumatische Epilepsie?
Wird sein Charakter verändert?«

Nichts von allem geschah. Samstag für Samstag, wenn ich auf
die Mission kam, um Reihenuntersuchungen zu machen,
kam sie angelaufen und stellte sich vor. Sie wußte gut, daß sie
mein »medizinisches Wunderkind« war. Sie trug die schwersten Wassereimer ohne Polster auf dem Kopf. Ihre Reflexe
waren normal, sie war nicht gelähmt, sie zeigte nicht die geringsten Anzeichen irgendeiner Gehirnschädigung.

Bald wurde sie eine frischfröhliche Christin, und sie hat noch
viele Jahre gelebt, lebt vielleicht heute noch.

Nur – eine medizinische Erklärung habe ich für dieses Wunder nie finden können.

Oddo Wichmann

Vor der Tür klatschte jemand in die Hände. Ich ging nachse-
hen. Draußen stand ein kleiner, dicklicher, untersetzter
Mann, nicht mehr ganz jung, mit einer sogenannten Voll-
mondglatze und sagte:

»Gudn Dach! Mei Name is Oddo Wichmann aus Halle an
der Saale, wohnt hier vielleicht der deitsche Gonsul?«

Ich bat ihn herein, und da wir gerade beim Essen saßen, luden
wir ihn ein, teilzunehmen.

»Wo kommen Sie denn her, und was machen Sie hier?«

»Ach, das ist ene lange Geschichte, wolln Se se hörn?«

»Natürlich, wir interessieren uns immer für menschliche
Schicksale.«

»Also, ich bin Frisär. Vierzch Jahre hab ich in Halle an der
Saale in meiner Frisärbude gestanden, wo keene Sonne und kee
Mond neischien. Und immer hab ich gedacht: ›Oddo, wenn
de bangsioniert wirst, dann willste noch was erläbn‹. Das
hab ich mir hundertmal vorgesagt, und als es dann soweit

war, daß ich fünfundsechzig war und meine Rente kriegte, da hab ich zu meiner Lina – was meine Frau ist – gesagt: ›Lina, ich mache fort, jetzt isses so weit.‹ Da hat meine Lina – was meine Frau is – gesagt: ›Meinswechn, wenn de mir de Rente läßt, kannste von mir aus fortmachen, so weit de willst.‹

Na, un da habch mei Fahrrad genommen und bin losgeradelt, immer fort, immer fort, immer nach Süden zu, bis ich nach Gibraltar kam. Gepäck hatte ich so gut wie keins, nur das, was in diese Aktentasche reingeht: Mein Necessaire und mein Frisärbesteck. Geld hatte ich keins mit, wer will denn schon Geld von der DDR umtauschen? Wenns Zeit zum Essen oder zum Übernachten war, dann habch an eine Türe geklopft und gefragt: ›Braucht hier verleicht jemand en Haarschnitt?‹ Und meistens hat's gleich beim erstenmal hingehauen. Wenn ich meine Arbeit gemacht hatte, wurde ich zum Essen oder zum Schlafen eingeladen, ich erzählte den Leuten von meinen Erläbnissen, die ham sich gefreit und ich hadde, was ich wollte: Essen und Unterkunft, manchmal auch ein frisches Hemd oder eine abgelegte Hose. Nu, aber jetzt war ich am Mittelmeer, an der Straße von Gibraltar, wollte nieber nach Afrika, und da kam ich ja mitm Rad nicht mehr weiter. Also schnitt ich ein paar Tage lang auf der Straße die Haare für Geld, bis ich so viel zusammen hatte, wie das Übersetzen kostet. Solange ich noch in Europa war, kam mir die ganze Reise noch gar nicht wien großes Abenteuer vor. Aber nu war ich in *Afrika*! Mei Traum begann Wirklichkeit zu werden. Ich radelte und radelte und radelte die ganze afrikanische Westküste entlang – mr sollt's nich glaubn, was für gute Straßen die da haben –, bis ich nach Dakar kam. Da sah ich am Hafen einen Ozeanriesen, und als ich de Leite fragte, wo der hinfährt, hieß es nach Südamerika, nach Brasilchn. ›Oddo‹, dachtch bei mir, ›wie wärsdn, wenn de nach Siedamerika machen wirdest? Afrika haste ja nu lange genug genossen. Das wär doch mal was anderes!‹

Aber ich hadde ja kee Geld, und mitm Rad konnte ich ja nich nieberstrampeln übern Ozean. Also ging ich kurzentschlos-

sen zum Schiffszahlmeister und fragte, ob se aufm Schiff kein'
Frisär brauchen kenntn. Und – Se werdns nich glauben: Se
brauchtn grade einen! Also wurde ich angestellt, hatte freie
Überfahrt und Essen und verdiente sogar noch was dabei. Als
wir den Ozean überquert hatten, wollten die mich gerne behalten und weiter mitnehmen. Aber mich zog's mit meinem
Fahrrad weiter in die Ferne, ins Innere des Erdteils. So verließ
ich in Rio de Janeiro das Schiff und radelte wieder los. Immer
nach Süden – mich zieht es geheimnisvoll nach Süden –, nach
Santos, nach São Paulo, dann ins Innere, durch die deutschen
Kolonien in Rio Grande do Sul und Santa Catarina – Blu-
menau is Ihnen ja sicher dem Namen nach bekannt –, dann
an die Iguazú-Wasserfälle – mei, das isdr verleicht e Dings, so
was gibt's nich nochmal! Zuletzt bin ich nach Asunción in
Paraguay gekommen, und da ich mich immer noch hauptsächlich für das Innere interessierte, fragte ich, wo ich denn
von Asunción aus hinkönnte, um was zu erläbn. Da sagten de
Leite, tief drin im Busch seien die deitschen Mennonitenkolo-
nien, da hätte es auch noch Indianerstämme, richtche Wilde,
un da war mei Entschluß gefaßt: ›Oddo, da machste hin!‹
Aber *der* Teil meiner Reise war noch der allerabenteierlich-
ste. Bis jetzt war ich immer durch bewohnte Gegenden gekommen, wo ich mir mit Haareschneiden mein Essen verdienen konnte. Aber diese letzten fünfhundert Kilometer habn
mir schier den Rest gegäbn: Keine Stadt, kein Dorf, nur
Busch, nichts als Busch. Eine Hitze wie noch nie, und nirgends Wasser. Wenn ich unterwegs ein paar Indianern begegnet bin, dann hattn die lange Haare und wolltn se gar nicht
geschnitten ham!
Un die glotzten mich an, wie wenn *ich* e Weltwunder wäre
mit meim Fahrrad, wie ich so durch den Busch gestrampelt
kam, und nich *sie* mit ihren Tätowierungen, ihren langen
Haaren und ihrem Lendenschürzchen und ihrem Pfeil und
Bogen!
Schließlich – ich weiß jetzt noch nicht recht wie – kam ich in
die deutschen Kolonien. Wie ich die erschtn deitschen Dörfer

sah hier mitten im Busch, dachtch, ich säh ne Fada Morgana.
›Das gibt's doch gar nich, Oddo‹, sachte ich mir, das därf doch
nich wahr sein. Hunderte von Kilometern nichts als Wildnis,
Busch, Savannen, wilde Indianerstämme – un nu auf eemal
biste mitten in Deitschland, alle Leite reden deitsch, saubere
Häuser ham se, das Essen schmeckt wie drheeme, die Menschen sind blond und ham blaue Augen – ich mußte mir immer
die Augen reiben, weil ich's gar nicht glauben konnte. Ich muß
einfach sagen: Ich bin *fasziniert*! So was is mir auf meiner
ganzen Reise nich begegnet, und das is für mich das größte
Abenteuer, das ich mir denken konnte. Am liebsten würde ich
für ganz hierbleiben und gar nicht mehr nach Hause machen.
In Asunción hatten mir die Leute gesagt, daß da draußen auch
ein deutscher Konsul wäre, hier hab ich dann gefragt, wo der
wohnt, und die Leite haben mich zu Ihnen geschickt.«
»Aber das ist ja die unglaublichste Geschichte, die ich je gehört
habe«, sagte meine Frau. »Sie wollen diese ganze Reise wirklich mit dem Fahrrad zurückgelegt haben?«
»Freilich«, und damit zog er die Hosenbeine hoch, »hier,
guckn Se sich mal meine Muskln an, die sin hard wie Stahl, da,
glopfn Se ruhig mal druf, Frau Gonsul, geniern Se sich nich, da
könn'se nich de kleinste Delle neidrickn!«
»Ja, und Sie wollen wirklich nicht mehr nach Hause?« fragte
ich.
»Nee, nee, so lange *die* Ideolochie da herrscht, auf keenen Fall,
das hält ja kee Mensch aus. Ich wer' jetzt meiner Lina – was
meine Frau is – schreibn, sie soll alles, was se hat, verkaufen
und auch rieberkommen. Un mei Kurt – was mei Sohn is – soll
auch kommen.«
»Ist der auch Friseur?«
»Nee, der is Stabstrompeter bei der Wehrmacht.«
»Was soll er denn dann hier, hier gibt's doch gar keine Wehrmacht, die Mennoniten sind doch wehrlos, wie Sie vielleicht
schon gehört haben, deshalb sind sie ja gerade in diese Einöde
gezogen.«

»Ach, das macht doch nischt, der könnte morgens zum Wecken blasen un abends den Zapfenstreich.«

»Aber davon kann er doch unmöglich leben, wie denken Sie sich das?«

»Ach, ich würde mir hier e Schticke Land kaufen, das is ja hier so billich, un würde mir e paar Rinder kaufen und ene Viehzucht anfangen, wie das de Leite hier ooch machen.«

»Ja, verstehen Sie denn was davon?«

»Nee, aber das kann mer doch lernen, meenen Se nich?«

»Schon, aber wo wollen Sie das Geld hernehmen, um Land und Vieh zu kaufen? Geschenkt kriegen Sie es ja hier auch nicht, und Sie sagen ja, daß Sie ganz ohne Geld bis hierher gekommen sind.«

»Nu kommn mer zur Sache, Herr Gonsul. Sehn Se, deswechn binch ja hier. Ich dachte, *Sie* könntn mer dazu verhelfen.«

»Ich? Wie kommen Sie darauf?«

»Nu, ich bin doch eichntlich e bolidischer Flichtling, nichwahr, ich hab doch wechn der Ideolochie driebn weggemacht. Da mißte mir doch die Bundesrepublik behilflich sein, und Sie als Konsul könnten das doch vermitteln, oder?«

»Sicher würde Ihnen die Bundesrepublik helfen, wenn Sie drüben wären, Sie würden auch Ihre Rente kriegen und alles, was nottut. Aber daß sie Ihnen ausgerechnet hier in Paraguay Geld geben würde zum Landkauf, das kann ich mir doch schlecht vorstellen.«

Nach langem Hin und Her entschloß sich Oddo, an seine Lina – was seine Frau is – zu schreiben, sie solle herüberkommen. So lange wollte er auf alle Fälle hierbleiben, bis die Antwort da wäre. Er zog durch alle Dörfer der Kolonie, schnitt Haare – was sonst dort, wo es keine Friseure gab, ein Nachbar dem anderen und der Vater seinen Söhnen besorgte – und wurde überall gastfreundlich aufgenommen.

Nach einigen Wochen stand er wieder da und gestand uns traurig, daß »de Lina« geschrieben habe, sie habe auch von driebn weggemacht und wohne nun in Lindau am Bodensee in einem kleinen Häuschen am Wald, da sei es wunderschön,

und sie denke gar nicht daran, wegzugehen. Wenn er in Südamerika bleiben wolle, bittschön, aber ohne sie. Und der Kurt
denke auch nicht daran, zu kommen, ihm gefalle es bei der
Bundeswehr als Stabstrompeter.

So wurde der arme Oddo hin- und hergerissen. Hier gefiel es
ihm so gut wie noch nirgends im Leben, aber allein und ohne
Familie wollte er auch nicht hierbleiben, zumal er inzwischen
auch auf die Siebzig zuging und irgendwann einmal alt und
hilfsbedürftig werden würde, wenn auch jetzt die Muskeln
noch so hart und trainiert waren. Mildtätigen Menschen
wollte er dann doch nicht zur Last fallen, drüben habe er
schließlich seine Rente. Er beschloß also zu guter Letzt, wieder heeme zu machn, womöglich auf dieselbe Art, wie er hergekommen war.

Nur die Fahrt durch die Wildnis bis Asunción wollte ich ihm
ersparen. Wir hatten damals schon eine Straße, wenn auch
nicht asphaltiert und befestigt, und bei Regen drei Tage lang
nicht befahrbar. Aber doch verkehrten schon Lastwagen zwischen den Kolonien und Asunción, und ich brachte ihn bei
einem »Camionero« (Fernlastfahrer) als Fahrgast unter,
samt Fahrrad und ohne Bezahlung.

Hoffen wir, daß er gut zu Hause angekommen ist!

Schwarzer Freitag

Fast allen Missionskrankenhäusern, seien sie nun in einer
Stadt oder tief drin im Busch gelegen, ist eine Schwestern-
oder Dispenserschule angeschlossen.

Ich beschloß eines Tages, nachdem ich jahrelang die ganze
Ausbildungsarbeit selber getan hatte, aus Deutschland eine
Lehrschwester anzufordern, die auch gleichzeitig die Leitung
des Krankenhauses auf dem pflegerischen Sektor übernehmen, also das Amt einer Oberschwester bekleiden sollte.

Es dauerte gar nicht lange, da war auch eine gefunden, und
nach den üblichen Hin- und Herschreibereien, der Erledi-

gung aller Formalitäten und einer mehrwöchigen Schiffs- und Inlandsreise traf sie bei uns ein: Eine stattliche, stramme Person mittleren Alters in Schwesterntracht, steifgestärkt bis oben hin und kompetent in ihrem Fach bis zum Geht-nicht-mehr. Sie wünschte mit »Frau Oberin« angeredet zu werden, ein Titel, den sie offenbar zu Hause als Wunschtraum angestrebt, aber nie erreicht hatte.

Ihre erste Amtshandlung war, die Schwesterntracht an unserem Krankenhaus zu ändern. Waren unsere Mädel vorher mit luftigen weißen Kittelschürzen, kurz bis zum Knie, und amerikanischen i-Tüpfelchen von Hauben bekleidet gewesen, so wurden nun hellblaue Kleider mit angereihtem Rock geschneidert, der Saum nicht weiter als dreiundzwanzig Zentimeter vom Boden entfernt, und darüber wurde eine weiße Trägerschürze getragen. Anstatt der i-Tüpfelchen gab's fortan richtige Hauben, die wie ein viereckiger Karton am Hinterhaupt klebten und fast alle Haare verdeckten, denn »das ist ja der Sinn einer Haube«, wie Frau Oberin sagte. Die Schwesterntracht sollte immer und überall, in und außer Dienst, getragen werden, denn »eine Schwester ist immer eine Schwester, nicht nur im Dienst und im Krankenhaus«. So wurden denn auch besondere Kleider für den Sonntag geschneidert, und es sollte sich ja keine in Zivil erwischen lassen!

Waren früher im Speisesaal kleine Vierertische gedeckt gewesen, an denen die Schwestern aßen, wie es ihnen ihr Dienst und ihre Zeit erlaubte, und war es früher auch erlaubt gewesen, sich am Eisschrank selber zu bedienen, wenn man Hunger oder Durst hatte, so wurde nun eine neue, strenge Zucht eingeführt. Zwei lange Tafeln standen im Saal, am Kopfende der einen saß Frau Oberin. Wenn die Essensglocke schallte, hatten alle Schwestern bis auf eine, die den Notdienst am Krankenhaus versah, feierlich hereinzuströmen, sich auf ihre festgesetzten Plätze zu setzen, hierarchisch geordnet nach Rang und Dienstalter, und den Mund zu halten, bis das Tischgebet gesprochen war. Neben Frau Oberin stand eine große Suppenschüssel, aus der sie für jede Schwester den Teller vollschöpfte, der dann die ganze lange Tafel entlang von Hand zu Hand weitergereicht wurde, bis er – ohne überzuschwappen! – am untersten Ende angekommen war. War dann die Mahlzeit unter tiefstem Schweigen beendet, durfte erst aufgestanden werden, wenn sie die Dienstanweisungen ausgegeben und das Tischgebet gesprochen hatte. Eisschrank und Speisekammer wurden verschlossen, und es war aufs strengste verboten, sich irgendwann außerhalb der Mahlzeiten selbst zu bedienen.

Den Unterricht an der Schule, dessentwegen ich sie hergerufen hatte, übernahm sie zwar, aber irgendwie hatte ich den Eindruck, daß sie diese Seite ihrer Arbeit als vollständig nebensächlich betrachtete. Der pflegerische Dienst am Krankenhaus klappte vorzüglich, wurde aber von unseren Schwestern von nun an völlig lustlos verrichtet. Alle schlichen durchs Gelände, als ob sie in einer Strafanstalt lebten, aus war's mit dem fröhlichen Gelächter und Geschnatter von ehedem. Da konnten auch keine »Heimabende« etwas ändern, an denen Spiele gespielt und Lieder gesungen wurden und die, genau wie der Dienst, als Pflicht galten und denen man nicht fernbleiben durfte.

Schon bald merkten meine Frau und ich, wie aller Frohsinn aus dem Krankenhaus gewichen war, wie auch die Patienten darunter litten, daß die Schwestern keine heitere Miene mehr zeigten, kein ermunterndes Wort mehr für sie hatten.

Wir luden sie zu uns ein, um mit ihr zu sprechen.

»Wie dachten Sie sich das eigentlich? Sie wollen hier eine Ordnung einführen, die es doch längst nirgends mehr auf der Welt noch gibt, am allerwenigsten in Deutschland, es sei denn in Diakonissen- oder Nonnen-Mutterhäusern. Unsere jungen Mädel *sind* aber keine geistlichen Schwestern und wollen auch gar keine sein.«

»Ja, das ist eine herbe Enttäuschung für mich. Ich hatte mir gedacht, meine Schwesternideale wenigstens noch hier im Busch bei diesen unverdorbenen Naturkindern verwirklichen zu können, wo sie schon in Deutschland völlig untergegangen sind! Dafür bin ich extra hergekommen, und nun soll es erst nichts damit sein. Und anstatt mich zu unterstützen in meinen Bestrebungen, arbeiten Sie mir auch noch entgegen. Sie brauchen nichts zu sagen, ich fühle es, wie Sie mit den Mädeln sympathisieren, und damit nehmen Sie mir allen Wind aus den Segeln. *Ich* denke gar nicht daran, die Waffen zu strecken vor den jungen Dingern, wir wollen einmal sehen, wer den längeren Arm hat. Ich war im Weltkrieg im Kriegslazarett und fühle wie ein Soldat: Kapitulieren? Niemals!«

Auch ein Gespräch mit der Verwaltung half nichts. Die Drohung, daß man sie eben notfalls entlassen und nach Hause schicken müsse, entkräftete sie mit dem Hinweis auf ihren Vertrag, den man nicht so ohne weiteres brechen könne, denn sie habe sich *nichts* zuschulden kommen lassen, weder im Dienst noch sonstwo.

Die Luft wurde immer schwüler, die Stimmung immer gedrückter. Wir sahen Unheil auf uns zukommen.

Und da passierte es: An einem Gründonnerstagabend sah ich plötzlich viele Fuhrwerke auf den Krankenhaushof fahren. Unsere sämtlichen Schwestern, die Hebammen und die Laborantin und die zwei männlichen Pfleger brachten Koffer aus ihren Unterkünften und luden sie auf die Fuhrwerke. Dann stiegen sie auf, und mit einem »Hüah!« sausten alle zum Tor hinaus.

»Was soll denn das bedeuten?« fragte ich. Eine Schwester, die einzige, die geblieben war, klärte mich auf.

»Sie sind gegangen, fort, für immer. Sie haben sich verabredet gehabt, alle ihre Angehörigen auf einmal zu bestellen, um allen Fragen und Auseinandersetzungen, falls es welche geben sollte, gemeinsam entgehen zu können.«

Aber dazu war es gar nicht erst gekommen, wir alle waren so verblüfft, daß uns die Worte fehlten. Die Essensglocke tönte, die Oberin saß am Kopfende ihrer langen Tafel, aber keine Schwesternschar strömte herein. Nur wir beide und die einzige verbliebene Schwester kamen und gaben ihr auf ihre

Frage, was denn hier auf einmal los sei, Auskunft. Sie wurde totenblaß. Sie schluckte ein paarmal. Dann sagte sie tonlos: »Aber das *gibt* es doch nicht! Das darf doch nicht wahr sein! Es hat ja keine gekündigt, die können doch nicht einfach so von ihren Patienten und von ihrer Pflicht weglaufen! Das muß man doch bestrafen, sowas kann man doch nicht einfach durchgehen lassen!«

»Ja, Frau Oberin«, sagte ich, »ich hatte Sie gewarnt. Hier hat niemand einen Vertrag. Hier gibt es kein Gericht und keine Polizei. Wir sind hier in der Wildnis, und wenn hier auch im allgemeinen ein Versprechen so gut ist wie ein Dokument mit Siegel, so hat doch jeder die grenzenlose Freiheit, zu tun und zu lassen, was ihm beliebt.«

Da schüttelte sie ein Weinkrampf: »So war alles umsonst, so sind alle meine Ideale, die ich den Mädchen einpflanzen wollte, zerstört.«

Wir brachten sie zu Bett, meine Frau saß bei ihr und tröstete sie, sie, die uns in diese unmögliche Lage hineinmanövriert hatte.

Abends saßen wir, der Verwalter und die einzige verbliebene Schwester zusammen und berieten, was zu tun sei. Das Krankenhaus war voll mit Patienten, zum Teil frischoperierten oder schwerkranken, die man nicht ohne weiteres entlassen konnte. Und wenn es auch nur ein kleines Krankenhaus war, so war es doch unmöglich für eine Schwester allein, sie zu versorgen. *Ich* wußte mir keinen Rat. Am liebsten hätte ich aufgegeben, kapituliert. Aber Erika wußte, wie so oft in unseren Lebenskrisen, Rat.

»Zunächst einmal schicken wir alle Patienten, bei denen es sich eben verantworten läßt, morgen früh nach Hause. Und wir nehmen auch keine neuen auf, wenn es nicht um Tod und Leben geht, so lange, bis wir eine Lösung gefunden haben. Ich übernehme jetzt den Nachtdienst, und Sie – zur Schwester gewandt – machen am Tag, soviel Sie können, und ziehen vom übrigen Personal so viele als Helfer heran, wie abkömmlich sind: Putzhilfen, Wäscherinnen, Küchenhilfen und so fort. Morgen ist Karfreitag, ein Feiertag, an dem es ohnedies ruhig zugeht. Jetzt wollen wir einmal alle Dörfer in Gedanken durchgehen und nach Familien suchen, die halberwachsene Töchter haben, welche als neue Schwesternschülerinnen in Frage kommen. Wir wollen unseren VW-Bus nehmen und alle aufsuchen und fragen, ob sie nicht sofort anfangen können.«

Gemeinsam stellten wir eine Liste zusammen und machten einen Plan, in welcher Reihenfolge wir die Dörfer abgrasen wollten.

Nachts, im Bett, sagte ich zu Erika: »Wenn wir diese Krise meistern, habe ich das Gefühl, daß uns nichts mehr im Leben umwerfen kann. Aber wir *haben* sie noch nicht gemeistert! Glaubst du, daß wir es schaffen können?«

»Denke an deinen Wahlspruch: ›Die auf den Herrn harren, kriegen neue Kraft...‹«, meinte sie.

Am nächsten Morgen, Karfreitag, fuhren wir zwei los in den Busch. Wie Hausierer gingen wir von Hof zu Hof, wo wir junge Mädchen zu Hause wußten, und fragten an, ob sie nicht Schwester werden wollten.

»Nicht, solange der Drachen im Krankenhaus ist«, hieß es überall, »das Krankenhaus heißt schon lange Drachenburg im Volksmund. Schaffen Sie erst den Drachen fort, dann reden wir wieder darüber, ob wir unsere Töchter dorthin lassen.«

Am Abend, als wir verschwitzt und müde zu Hause ankamen, mit nicht einer einzigen Zusage, waren wir doch recht kleinlaut. Wir gingen zunächst zur Frau Oberin und teilten ihr mit, daß wir sie leider entlassen müßten, wenn wir das Krankenhaus weiterführen sollten. Sie packte die Koffer, und am nächsten Morgen setzten wir sie ins Flugzeug, und sie flog sang- und klanglos heim nach Deutschland.

Für uns galt es nun, die erste Durststrecke zu überwinden. Abends, wenn Erika ihren Dienst antrat mit einem Armvoll Bettschüsseln und sagte: »Wer hat noch nicht, wer will noch mal?«, da lachten alle Patienten, und die Scheu, sich von der

»Frau Doktor« persönlich diesen »erniedrigenden Dienst« erweisen zu lassen, war verflogen. Kam nachts eine Wöchnerin zur Entbindung, dann saß meine Frau so lange bei ihr, bis man den Kopf sah, dann rief sie mich, und ich fungierte als »Hebamme«, von ihr unterstützt, da ja das Neugeborene auch gleich versorgt werden mußte. War eine Notoperation zu machen, dann richtete sie alles Notwendige dazu her und weckte zuerst die Schwester, dann den Narkotiseur, dann mich auf. Narkotiseur war unser Apotheker. Die Schwester instrumentierte, Erika assistierte. Am Morgen, wenn Erika ihren Dienst an die Tagesschwester übergeben hatte, ging sie sogleich in den Operationssaal, wo wir gewöhnlich der großen Hitze wegen schon um sechs Uhr früh zu operieren anfingen. Sie war dann zugleich Instrumenteuse und Assistentin und arbeitete mit mir bis gegen Mittag durch. Dann aßen wir als ganze Familie mit dem Personal im Speisesaal. Anschließend schlief sie einige Stunden, um sich dann noch ein wenig um unsere Kinder, fünf an der Zahl, zu kümmern und dem Kindermädchen ihre Anweisungen zu geben, bis es Zeit war, ihren Nachtdienst wieder anzutreten. Mir ist immer ein Rätsel geblieben, wie ein Mensch mit *so* wenig Schlaf auskommen und dabei noch alle aufheitern kann, die verzagten Mutes sind.

So nach und nach trafen wieder junge Mädchen ein, die sich zum Schwesternkurs meldeten, und wir fingen ganz von vorne an.

Bald schon konnten wir sie als Hilfskräfte auf der Station einsetzen, das Krankenhaus bevölkerte sich wieder mit Patienten, nicht nur Katastrophenfällen, sondern auch »normalen«, und wir gingen daran, die Schwesternschülerinnen für den OP-Dienst vorzubereiten. Nachdem sie gelernt hatten, sich steril zu waschen und anzukleiden, stellten wir sie an den Operationstisch, und wenn ich operierte, mußte ich jeweils sagen: Jetzt *die* Pinzette, *jene* Klemme, *diese* Nadel und *jenen* Faden, *den* Bauchhalter, *das* Skalpell und so fort, was natürlich sehr zeitraubend und nervtötend war.

Ich kann mir nicht mehr vorstellen, *wie* wir jene Zeit durch-
gestanden haben, aber die Verheißung »Die auf den Herrn
harren, kriegen neue Kraft« hat sich an uns bewahrheitet,
immer wieder aufs neue.

Mein schwerster Entschluß

Die Beduinen machen nur einen kleinen Teil der Bevölkerung
Syriens aus. Die eigentlichen Syrer sind ein unglaublich cleve-
res Volk – ›shatr‹ sagt man auf arabisch – und bringen es
fertig, reich zu werden, obwohl ihr Land zum größten Teil
aus Wüste besteht und obwohl es kein Erdöl gibt wie in den
anderen arabischen Ländern. Sie treiben Handel mit allem,
was ihnen unter die Finger kommt, und mit jedem, dem sie
begegnen. Viele von ihnen wandern aus, um im Ausland ihr
Geld zu verdienen. Aber das ist kein Auswandern in unserem
Sinne. Der Mann geht fort, die Familie bleibt zurück. Der
Mann kommt einmal im Jahr oder alle paar Jahre nach
Hause, um die Familie zu sehen, und danach gibt es meist ein
neues Baby in der Familie, welche so immer größer wird.
Wenn er genug Geld zusammenverdient hat, um privatisieren
zu können, kommt er für immer nach Hause und findet dann
eine Schar von erwachsenen Kindern vor. Vor Jahrzehnten
gingen die Männer meist nach Südamerika, vorzugsweise Argentinien oder Chile, später nach den USA. Seit in Arabien
der Ölboom ausgebrochen ist, gehen sie nach Kuwait oder
Saudi-Arabien. So kommt es, daß man in Syrien mit Spa-
nisch, Englisch, Französisch (von der Kolonialzeit her) leicht
durchkommt, da fast alle Syrer mehrere Sprachen fließend
sprechen. Arabisch ist unglaublich schwer zu erlernen, daher
ist man dauernd versucht, sich mit einer der anderen Sprachen zu verständigen, die soviel leichter sind.
Ein solcher reichgewordener stolzer, selbstbewußter Syrer
hatte einen Sohn von achtzehn Jahren – unter anderen Kindern –, der das war, was man bei uns einen Tunichtgut oder

Halbstarken nennt. Vom Vater maßlos verwöhnt, glaubte er sich überall alles herausnehmen zu können. Er war fast um einen Kopf größer als seine Landsleute, hatte einen schwarzen Lockenkopf und glänzende, pechschwarze Augen, einen schönen Körperbau – kurz, er glich einer altgriechischen Statue. In der Schule war er ein paarmal sitzengeblieben und zuletzt wegen seines schlechten Betragens hinausgeworfen worden. Eines Tages beschlossen er und ein Freund im Übermut, das nächste Mädchen, welches des Weges käme, zu überfallen. Sie lauerten hinter einem Zaun, und das erste Mädchen war ausgerechnet eine meiner Schwesternschülerinnen.

Als die beiden Burschen sich auf sie stürzten und ihr schon die Bluse entzweigerissen hatten, kamen auf ihr Hilfegeschrei Leute aus den Häusern gerannt, und die beiden Burschen machten sich flugs aus dem Staube in der Meinung, nicht erkannt worden zu sein. Die Schwesternschülerin machte ein großes Lamento, denn man muß bedenken, daß die Jungfräulichkeit in Arabien zum kostbarsten Besitz eines Mädchens gehört und daß sie, ist diese zerstört, kaum noch Chancen hat, eine anständige Heirat zu machen. Sie hatte die beiden erkannt und besonders den jungen Ahmet als den Anführer bezeichnet. Die Sache wurde schnell bekannt, und es gab einen großen Skandal.

Eines Abends kam der Vater Ahmets zu mir und sagte: »Ich verlange von Ihnen, daß sie dieses Mädchen hinauswerfen, sie hat meinen Sohn verleumdet, sie ist eine Lügnerin.«

»So einfach geht das nicht«, erwiderte ich, »ich nehme an, daß es zu einer Gerichtsverhandlung kommen wird, dann wird sich ja die Wahrheit herausstellen. Hat sie gelogen, fliegt sie. Hat Ihr Sohn sie tatsächlich überfallen, dann habe ich keinen Grund, sie hinauszuwerfen.«

»Sie weigern sich also?«

»Vorläufig ja.«

»Gut, dann sollen Sie mich kennenlernen.«

Die Verhandlung fand statt, der Junge gab alles zu und sagte, er habe sich nur einen Spaß erlauben wollen und sich nichts

Böses dabei gedacht. Das Mädchen habe viel mehr aus der Sache gemacht, als wirklich darangewesen sei. Obwohl es zu keiner Vergewaltigung gekommen war – sei es, weil sie nicht beabsichtigt war, sei es, weil die Leute aus den Häusern gerannt waren – kurz und gut, er wurde verurteilt und bekam eine Strafe.

Der Vater kam noch einmal mit dem gleichen Ansinnen zu mir. Ich erklärte ihm, da sein Sohn ja alles zugegeben habe, sähe ich keinen Grund, das Mädchen hinauszuwerfen, denn das wäre ja eine himmelschreiende Ungerechtigkeit.

»Glauben Sie, daß ich es fertigbringe, Sie zur Strecke zu bringen? Sie werden das Land verlassen und mit Schimpf und Schande in Ihre Heimat zurückkehren, verlassen Sie sich darauf. Sie sollen mich kennenlernen, mit mir ist nicht zu spaßen.«

Es dauerte nicht lange, da kursierten allerlei Gerüchte über mich. Beruflich konnte er mir nichts anhaben, da im Krankenhaus alles glatt gegangen war und mir in keinem Fall irgendeine Fahrlässigkeit oder ein Kunstfehler unterlaufen war. Aber immer wieder kamen Leute und sagten: »Wir haben gehört, Sie sollen dies oder das über uns gesagt haben«, oder »es heißt, Sie machen sich über uns Araber lustig und halten uns für doof«, und was dergleichen Dinge mehr sind. Ja, ich wurde sogar für einen verkappten Juden gehalten wegen meiner großen Nase, und das ist für einen Araber das Schlimmste, denn der Israeli ist sein Todfeind. Sogar der Spionage für Israel wurde ich verdächtigt, und die Kriminalpolizei kam und nahm mich in die Zange. Woher sie wußten, daß ich in der Schule vor fünfunddreißig Jahren Hebräisch gelernt hatte – ich war auf einem humanistischen Gymnasium –, ist mir heute noch schleierhaft. Obwohl ich kaum ein Wort Hebräisch behalten hatte, wurde mir dies als verdächtiges Indiz ausgelegt.

Ahmets Vater hatte recht behalten, mir wurde das Leben verleidet. Ich trug mich mit der Absicht, heimzugehen.

Da geschah es, daß Ahmet, wie alle Jungen seines Alters ein

Motorradfan, mit seiner schweren Maschine hinter einem Lastwagen herfuhr. Die Straße war staubig, hinter dem LKW wehte eine dichte Staubfahne her. Ein Loch in der Straße zwang den LKW, plötzlich zu bremsen, und da war das Unglück geschehen: Ahmet fuhr mit voller Geschwindigkeit auf den LKW. Die Fahrer stiegen aus, sahen, daß Ahmet schwer verletzt war. Sie luden ihn, so wie er war, auf die nackten Bretter des LKWs und fuhren in panischem Schrecken so schnell sie konnten zum Krankenhaus.

Ich untersuchte ihn und stellte fest, daß er querschnittsgelähmt war – keine Reflexe der unteren Extremitäten! Er war bewußtlos, die Röntgenaufnahme ergab einen Schädelbruch. Der Bauch war prall und hart: Es bestand kein Zweifel, daß er eine innere Verletzung hatte.

Beide Eltern waren verreist. Ich wußte, wenn ich ihn nicht sofort operieren würde, wäre er binnen einer halben Stunde innerlich verblutet; in die Hauptstadt schicken konnte ich ihn also auf keinen Fall. Er hätte den Transport dahin nicht überlebt. Wenn ich ihn operieren würde, und wenn alles gutgehen würde, erwartete ihn ein Leben als Querschnittsgelähmter. Welch ein Los für einen Jungen mit seinem Temperament! Würde er aber an der Operation sterben, gäben die Eltern mir die Schuld, weil sie glaubten, ich hätte es aus Rache getan. Würde ich ihn *nicht* operieren, hieße es, ich hätte ihn absichtlich sterben lassen, ohne etwas zu seiner Rettung zu unternehmen.

Allein stand ich nun da vor der schwersten Entscheidung meines Lebens. Kein anderer Arzt war da, den ich hätte konsultieren können.

»Lieber Gott, sag mir doch, was ich machen soll!«

Schließlich – ich hatte ja nur Minuten Zeit, um mich zu entschließen – tat ich, was ich als Chirurg einfach tun *mußte*: Ich operierte. Als der Bauch offen war, stellte sich heraus, daß die Milz gerissen war. Der ganze Bauch war voll Blut. Als alles abgesaugt und das Blut zur Re-Transfusion fertiggemacht war, nahm ich die Milz heraus, da man diese nicht flicken kann. Trotz des schweren Unfallschocks verlief die Operation komplikationslos. Ich konnte wenigstens aufatmen in der Hoffnung, daß er diesen Eingriff überstehen würde. Sein Zustand war dennoch ernst, und es kam die Stunde, wo die Eltern zurückkehrten und ich ihnen die Wahrheit sagen mußte: Querschnittsgelähmt! Tag und Nacht saßen sie an seinem Bett. Es dauerte lange, bis er zum Bewußtsein kam, denn er hatte eine schwere Gehirnerschütterung erlitten. Dann kam der fürchterliche Augenblick, wo ich ihm sagen mußte, daß er nie wieder würde gehen können. Auch Stuhlgang und Urin hatte er nicht mehr unter Kontrolle, unterhalb des Nabels war alles erloschen. Als er nach vielen Wochen so weit hergestellt war, daß wir ihn entlassen konnten, wurde die Frage akut, wie man ihn zur Rehabilitation bringen könne. Er mußte ja lernen, sich selbst zu helfen, Rollstuhlfahren, Stuhl und Urin unter Kontrolle zu bringen, womöglich einen Beruf erlernen, der ihn befähigen würde, sein Leben selbst zu meistern. Alles dies war zu jener Zeit im Lande nicht möglich. Wir erkundigten uns in Deutschland nach den Möglichkeiten und schlugen den Eltern vor, ihn dahin zu bringen. Sie selber hatten, da sie kein Wort Deutsch verstanden, keinen Mut dazu. So bot sich meine Frau an, ihn heim nach Deutschland zu bringen und so lange bei ihm zu bleiben, bis er entsprechend untergebracht wäre. Die Mittel dazu hätte der Vater trotz seines Wohlstandes nicht alleine aufbringen können. So suchten und fanden wir Geldquellen, die uns die teure und langwierige Behandlung ermöglichten.

Auf dem Flugplatz fielen uns die Eltern weinend um den Hals, und der stolze, nun so demütige Vater fragte mich ein ums andere Mal: »Warum tun Sie das alles für uns? Wir haben Ihnen nichts als Böses zugefügt – warum tun Sie das? Ich begreife das nicht!«

»Sie wissen, daß wir Christen sind«, sagte ich. »Christus lehrt uns: ›Liebet eure Feinde, segnet, die euch fluchen, tut wohl denen, die euch hassen, denn so ihr die liebt, die euch wiederlieben, was tut ihr Besonderes?‹«

Nachdenklich ging er davon.

Ahmet hat eine lange, harte Schule durchmachen müssen, bis er begriffen hatte, daß er so, wie es war, mit seinem Leben fertigwerden mußte. Er hat in Deutschland gelernt, sich selbst zu helfen, und er hat daheim ein eigenes Geschäft. Er hat einen Fahrer angestellt, der ihn überall hinfährt, wo er geschäftlich zu tun hat. Er ist ein Hobbyfunker und spricht mit der ganzen Welt. Wenn wir zu Besuch in sein Land kommen, hat er es irgendwoher erfahren. Er ist der erste, der in unser Quartier kommt, um uns zu begrüßen, und er herzt und drückt uns.

Auch eine Frau hat er gefunden, die ihn versorgt, aber heiraten will er sie nicht.

»Warum?« frage ich ihn.

»Wie richtige Eheleute können wir doch nicht zusammenleben. So ist sie nicht an mich gebunden und kann, wenn sie mich satt hat, jederzeit weggehen. Ich fände es nicht anständig, sie durch eine Ehe an mich zu binden.«

Ob er zufrieden sei, frage ich ihn.

»Ja, seit ich mir meinen Unterhalt selbst verdienen kann und weder meinen Vater noch sonst jemanden brauche. Ich habe eingesehen, daß alles so hat sein müssen. Ich habe mich mit meinem Los abgefunden und bin zufrieden und glücklich.«

Leb wohl, Ahmet!

Wie ich Landarzt wurde

Wir waren einige Jahre im Antilibanon, in Arabien, an einem größeren Missionskrankenhaus tätig gewesen. Unser Städtchen lag eintausendsiebenhundert Meter hoch, so daß das Klima herrlich war. Immer blauer Himmel und Sonne, nie zu heiß; dreihundertfünfzig Tage im Jahr ohne Regen und doch immer genug Wasser. Man pumpte es aus einem hundert Meter tiefen Brunnen herauf, und es schmeckte fast wie Mineralwasser. Inmitten der kahlen Felsenwüste lag unser Garten, zehn Hektar groß, künstlich bewässert, wie eine Oase. Darin wuchsen Feigen, Aprikosen, Weintrauben, dazu eine herrliche Blumenpracht. Die Wüste sah zu jeder Zeit des Tages anders aus. Sie glühte bald golden, bald braun, bald lila, bald blendend weiß, und die Felsenzinnen gaben ein herrliches Panorama. Ringsum geschichtsträchtiger Boden. In einem Halbtags- oder Tagesausflug konnte man Ruinenstädte, alte Tempel und all die Stellen besuchen, die man von Kind auf aus der Bibel kannte. Die Arbeit am Krankenhaus war befriedigend und lohnend gewesen. Eine dankbare und freundlich gesonnene Bevölkerung. Die Mitarbeiter, Araber und Deutsche, hatten sich nach anfänglichen Schwierigkeiten vertragen gelernt und waren zuverlässig und willig gewesen. Dann war plötzlich der arabisch-israelische Krieg ausgebrochen. Noch zaudernd, ob wir bleiben oder heimgehen sollten, erlebten wir die ersten israelischen Bombenangriffe, bei denen riesige Öltanks explodierten. Das Feuer und der schwarze Rauch stiegen lodernd und wabernd zum Himmel empor. Unsere deutschen Mitarbeiter waren nach Hause gefahren, und ich sagte zu meiner Frau: »Ich hab den ganzen Zweiten Weltkrieg vom ersten bis zum letzten Tag an der Front miterlebt, ich habe keine Lust, hier noch einen Krieg mitzumachen, der mich gar nichts angeht. Komm, wir gehen!«

Wir telefonierten nach Damaskus auf die deutsche Botschaft, ob sie für uns eine Mitfahrgelegenheit hätten. Ja, alle Deutschen sollten in einem Konvoi nach Deutschland fahren, in den vielen Autos könne man sicher unsere Familie noch unterbringen. Der Weg führe ja an unserem Krankenhaus, welches auf einer Paßhöhe lag, vorbei, und da sollten wir warten, bis der Konvoi käme. Wir warteten, der Konvoi kam, aber niemand hielt an. Da standen wir nun mit vier unserer Kinder. Unser Ältester war in Beirut auf dem deutschen Gymnasium; von ihm wußten wir nichts. Alle Verbindungen waren abgebrochen, ihn mußten wir zurücklassen, einem ungewissen Schicksal preisgegeben. Kein Flugzeug, keine Bahn ging mehr, kein Omnibus; ein eigenes Auto hatten wir nicht, mit unserem Teambus waren die anderen weggefahren. So blieb uns nichts anderes übrig, als per Anhalter zu fahren. »Gepäck dürfen wir keines mitnehmen«, sagte ich zu meiner Frau, »denn wer soll uns wohl mitnehmen mit vier Kindern, wenn wir noch einen Haufen Gepäck haben?«

Also traten wir, wie wir waren, die abenteuerlichste Reise unseres Lebens an. Ohne Koffer, ohne Tasche, ja ohne Waschzeug und Zahnbürste.

Jedes Fahrzeug, das anhielt, wollte zunächst nur eines von uns mitnehmen.

»Unmöglich«, sagte ich, »ich kann nicht alleine wegfahren und meine Familie zurücklassen; die Kinder vorausschicken und zurückbleiben geht auch nicht, wer weiß, ob ich sie je wieder finden würde, entweder alle oder keinen.« Viele ließen sich erweichen und nahmen uns dann doch alle mit, wobei es natürlich oft genug ein fürchterliches Gedränge gab. Gleich nach der ersten Grenzüberschreitung von Syrien in die Türkei bei Bab-el-Haua (Windtor) merkten wir zu unserem Schrecken, daß die Handtasche meiner Frau im letzten Auto zurückgeblieben war, und darin waren unsere Pässe und all unser Geld. Das Auto war schon zurück nach Syrien gefahren, wir konnten und wollten nicht noch einmal zurück.

»Nun kann uns nur noch Gott weiterhelfen, auf den wollen wir vertrauen. Er hat uns noch nie im Stich gelassen und wird uns auch diesmal sicher nach Hause bringen«, sagte ich zu meiner Frau und den Kindern. Mit wie vielen Fahrzeugen und mit welcher Art kann ich nicht mehr sagen. Es waren Lastautos, Lieferwagen, Traktoren, Omnibusse, Krankentransportwagen und PKWs. War in einem Bus nur noch ein Platz frei, so wollte der Fahrer auch nur einen mitnehmen, da es in der Türkei strengstens verboten ist, im Bus zu stehen. Es dürfen nur so viele Passagiere mit, wie Sitzplätze da sind. Ließ sich der Fahrer erweichen, uns doch alle mitzunehmen, so schärfte er uns vorher streng ein, jedesmal, wenn ein Polizist zu sehen sei und er »Tahed« (nieder) rufe, in die Knie zu

gehen, damit man von außen nicht sehe, daß stehende Fahr-
gäste im Bus seien. So saß immer einer von uns abwechselnd
und hatte ein anderes auf dem Schoß, der Rest stand und
übte sich in Kniebeugen, wenn »Tahed« gerufen wurde. Unterwegs fischten wir die Lehrerin unserer Kinder auf, die
schon vor uns die Heimreise angetreten hatte und schrecklich froh war, nun nicht mehr alleine reisen zu müssen. Zum
Glück hatte sie noch Geld bei sich, so daß wir nicht immer
auf die Gnade mitleidiger Autobesitzer angewiesen waren.
So ging die Fahrt durch die unendlichen Weiten der Türkei,
durch die wildzerklüfteten Schluchten und über himmel-
hohe Pässe des Elbrusgebirges, vorbei an den großen Salz-
seen in menschenleerer Halbwüste. Wir fuhren und fuhren
ohne Aufenthalt. Überall, wo man uns absetzte, kam nach
längstens fünf Minuten ein Fahrzeug daher, welches uns
mitnahm. An jeder Grenze zu einem neuen Land – die Reise
ging von Syrien durch die Türkei, durch Bulgarien, Jugosla-
wien, Österreich nach Deutschland – sagten wir, wir seien
Flüchtlinge aus dem arabischen Kriegsgebiet, und da uns natürlich kein Land behalten wollte, ließen sie uns auch ohne
Pässe durch. Für unsere Kinder von acht bis zwölf Jahren
war das Ganze ein aufregender Spaß. Was wir als Eltern
empfanden, brauche ich wohl nicht zu erzählen. So legten
wir die Reise von viereinhalbtausend Kilometern in vier Tagen und Nächten zurück, schneller, als wir jemals gereist
waren, vom Flugzeug abgesehen. Mir war, als ob Gott einen
Fahrplan für uns ausgearbeitet hätte, der besser klappte und
sicherer war als jeder, den wir uns selbst hätten ausarbeiten
können.
Als wir endlich zu Hause ankamen, ungewaschen, unge-
kämmt, müde, verschwitzt und ausgepumpt, wer beschreibt
da unseren Jubel, als wir unseren Ältesten, Cornelius, vorfanden! Er war inzwischen von der deutschen Botschaft in
Beirut mit anderen Deutschen nach Hause geflogen worden,
hatte bereits ein Presseinterview gegeben, und sein Bild
prangte uns in der Heimatzeitung entgegen. So war also

auch diese Sorge, die uns während der ganzen Reise gequält hatte, von uns genommen.

Der Krieg in Arabien – der berühmte Sechstagekrieg – war ja inzwischen zu Ende. Obwohl wir nun wieder zurückgekonnt hätten, beschlossen meine Frau und ich, daß die Kinder endlich zur Ruhe kommen und in geregelte Schulverhältnisse gebracht werden müßten. Die Familie sollte also daheim bleiben und ich allein auf meinen Arbeitsplatz zurückkehren, denn mein Dienstvertrag war ja noch nicht abgelaufen. Ich schulte also unsere fünf Kinder ein, nahm den VW-Bus der Schwestern, mit dem sie vorausgefahren waren, und fuhr allein die ganze Strecke wieder zurück, welche ich vor sechs Tagen so abenteuerlich bewältigt hatte. Diesmal ging die Reise ohne Zwischenfälle vonstatten.

In Syrien angekommen, wurde ich mit großem Jubel empfangen. Wohl hundertmal hörte ich das arabische: »Ahlan wosahlan, Alhamdulila Asalami« – Herzlich willkommen, Gott sei Dank, daß du wieder da bist! Doch leider war meines Bleibens nicht mehr lange, denn das Missionskrankenhaus wurde verstaatlicht. Man war den Deutschen nicht mehr so wohlgesonnen, da sie sich ganz offensichtlich auf die Seite der Israelis gestellt hatten. Mir allerdings hat keiner ein Haar gekrümmt, ich war in den vergangenen Jahren »den Arabern ein Araber« geworden, wie es der Apostel Paulus ausdrückt. Ich hatte meine Visiten im Krankenhaus meist in Galabieh, Agal und Kefe, dem typischen arabischen Männergewand, gemacht und immer wieder ein erstauntes »Mithl Árabi« – wie ein Araber! – gehört. Nur meine Aussprache entlockte ihnen immer ein Schmunzeln, da ich mein Arabisch hauptsächlich im Umgang gelernt hatte und den typischen Qalamun-Dialekt sprach wie die Menschen meiner Umgebung. Geld kam aus Deutschland keines mehr. Da unsere Patienten sich meist aus armen, nichtzahlenden Beduinen rekrutierten, ich aber meine achtzig Angestellten Monat für Monat auszahlen mußte, sah ich bald, daß auf diese Weise an ein Weiterarbeiten nicht zu denken war. Eine Fahrt nach

Damaskus zum Gesundheitsminister brachte auch nicht viel Erfolg.

» *Wir* haben kein Geld«, meinte er, »wenn Sie keines aus Deutschland bekommen, können Sie auch nach Hause gehen.«

»Aber dann muß das Krankenhaus wohl geschlossen werden, und was sollen die armen Menschen oben im Qalamun dann machen?«

»Nun, dann sterben sie eben *ohne* Krankenhaus, sterben müssen wir alle, so oder so, nicht wahr«, war seine Antwort.

Ich lud also den VW-Bus voll mit so viel von unserem Hausrat, wie eben hineinging. Viel schöne, arabische antike Handwerkskunst, die ich in den Jahren unseres Dortseins gesammelt hatte. Ich nahm bewegten Abschied und trat die Reise innerhalb von vier Wochen zum dritten Mal an. Dieses Mal war sie noch komplizierter als die beiden vorigen Male, denn der türkische Zoll machte mir unerhörte Schwierigkeiten wegen meines Hausrates. Obwohl ich eine amtliche Erklärung hatte, daß der Inhalt meines Wagens Umzugsgut sei und ich im Transit nach Deutschland, zwang man mich rigoros, alles auszupacken und auf dem Boden einzeln auszubreiten. Nach unerfindlichen Grundsätzen durfte ich einzelne Stücke mitnehmen, für das meiste aber mußte ich an Ort und Stelle Kisten anfertigen lassen und alles an eine Speditionsfirma zum Weitertransport übergeben. Abgesehen von den hohen Kosten bezweifelte ich stark, ob ich meine Sachen je wiedersehen würde.

Es kam aber alles, wenn auch erst nach einigen Monaten, unversehrt und wohlbehalten an, ebenso wie wir auch viel später die Handtasche meiner Frau mit allem Geld und den Pässen wiederbekamen. Es *gibt* also noch Ehrlichkeit in der Welt!

Meine Fahrtroute kannte ich ja nun schon auswendig, aber ehrlich gesagt, sie hing mir inzwischen schon zum Hals heraus, und so sputete ich mich, nach Hause zu kommen, und fuhr sechzehn Stunden am Tag, bis mir schier die Augen zufielen, mit kurzen Unterbrechungen, um mir auf dem Gaskocher eine Suppe oder einen Kaffee zu kochen.

Kaum war ich zu Hause, verunglückte meine neunundachtzigjährige Mutter schwer und starb nach schwerem Leiden. Ein paar Tage später starb meine jüngste Schwester im Alter von vierundfünfzig Jahren nach einer siebenmaligen Bauchoperation. Am selben Tag teilte mir meine Frau mit, daß sie einen Knoten in ihrer Brust fühle. Die Diagnose ergab »Krebs«, und bevor meine Schwester begraben war, war die Operation vollzogen.

Alles, was ich hier geschildert habe, war in weniger als vier Wochen geschehen. Das Wort »Krebs« hat auch mich als Arzt genau so geschockt wie jeden Laien, zumal meine fünf Kinder die Mutter alle so nötig brauchten. Ich sagte: »Lieber Gott, du weißt, daß ich alles ertragen will, was du mir schickst. Aber muß es denn alles auf einmal sein? Kannst du's nicht ein bißchen besser verteilen?« Ich war so niedergeschlagen, daß ich keine Worte finde, um es zu beschreiben.

Da wurde ich von einer Familie in meiner Nachbarschaft gerufen, um eine Totenschau zu machen. Zwar hatte ich noch keine Praxis, ich hing beruflich noch ganz in der Luft. Aber da gerade kein anderer Arzt erreichbar war, ging ich hin. Eine alte Frau war gestorben. Ich ließ sie ausziehen, und da merkte ich, daß ihr die linke Brust fehlte. Wie mit einem Dolch fuhr es mir durch die Brust. »Ist sie an Krebs gestorben?« fragte ich die Schwiegertochter.

»Nein, o nein, diese Operation hatte sie im Alter von fünfundvierzig Jahren. Nun ist sie mit neunzig an Altersschwäche gestorben, Herr Doktor.«

Mir fiel ein Zentnerstein von der Brust und ich sagte: »Danke, lieber Gott, einen schöneren Trost hättest du mir heute nicht schicken können!«

Für mich hieß es nun, eine neue Existenz aufzubauen. Ersparnisse hatten wir im Missionsdienst keine großen machen können. Noch einmal auf ein neues Missionsfeld zu gehen, war unter den gegebenen Umständen nicht ratsam, denn keiner konnte ja voraussehen, wie sich die Krankheit meiner Frau weiterentwickeln würde. Hätte sie Metastasen bekommen, wäre ich mit fünf unmündigen Kindern irgendwo im Busch gesessen. Sie neben meiner Arbeit am Krankenhaus alleine zu versorgen, erschien mir unmöglich. So sah ich mich nach einer neuen Arbeit um. Da ich meine ganze Berufszeit hindurch Krankenhauschirurg und -Gynäkologe gewesen war, wäre ich es am liebsten auch in der Heimat wieder geworden. Ohne mein Zutun bekam ich eine Anfrage von der Direktion des Krankenhauses, an welchem ich vor meiner Ausreise in die Mission als Assistent gearbeitet hatte. Die Chefarztstelle der gynäkologischen Abteilung sei vakant, sie hätten gehört, daß ich in Deutschland bleiben wolle. Ob ich Interesse hätte, an meinem alten Krankenhaus zu arbeiten? Natürlich griff ich mit Freuden zu. »Schöner hättest du es nicht bekommen können, kommst nach zwei Jahrzehnten nach Hause und kannst an deinem alten Krankenhaus als Chefarzt weiterarbeiten«, dachte ich. Alles war mit der Direktion besprochen, sogar ein passendes Haus für unsere große Familie war bald in Krankenhausnähe gefunden. Die alten Schwestern, die mich noch von früher kannten und all die Jahre hindurch mit mir in Verbindung geblieben waren, freuten sich. Plötzlich hieß es, ich solle noch einmal hinkommen, es gebe Schwierigkeiten. Was war geschehen? Die fünfundzwanzig Ärzte des Krankenhauses hatten der Direktion den Krieg erklärt. »Wir akzeptieren keinen ›Buschdoktor‹ als Chef. Wenn Sie ihn mit Gewalt hier einsetzen wollen, machen wir einen Prozeß«, hieß es. Obwohl ich mich sofort bereit erklärte, zurückzutreten, wollte die Krankenhausdirektion doch ihren Willen durchsetzen und zunächst einmal eine Konferenz aller Beteiligten einberufen. Versammelt waren sämtliche leitenden Ärzte, die Oberin, der Direktor, die Aufsichtsräte. Anstelle eines sachlichen Gesprächs gab es eine unvorstellbare Streiterei und Schreierei, wie man sie solchen Menschen nie zugetraut hätte. Als sie sich nach einer Stunde ausgetobt hatten, erteilte man mir das Wort.

»Mit einem Gerichtsverfahren werden Sie den kürzeren ziehen, meine Herren. Hier sind alle meine deutschen Qualifikationen. Ich habe fast zwei Jahrzehnte lang Krankenhäuser geleitet, und ob die nun in Deutschland, im Busch oder in der Wüste sind, spielt gar keine Rolle. Die Bäuche, ob sie nun schwarz, braun oder weiß sind, sehen von innen alle gleich aus, und die Menschen aller Rassen und Hautfarben wollen das gleiche: gesund gemacht werden. Der einzige Unterschied zwischen hier und draußen ist, daß man dort unter viel primitiveren Umständen, mit weniger Ausstattung und ungelernten Hilfskräften arbeiten muß. Zudem habe ich regelmäßig an namhaften deutschen Kliniken Auffrischungskurse gemacht. Trotzdem will ich Ihnen sagen, daß Sie keine Angst vor mir zu haben brauchen, denn ich werde die Stelle ausschlagen.«

Großes Erstaunen auf beiden Seiten, bei den Ärzten wie bei der Direktion.

»Weshalb?«

»Weil in meiner Bibel steht: ›Ist es möglich, soviel an euch liegt, so habt mit allen Menschen Frieden.‹ Ich bin nicht so viele Jahre in der Mission gewesen, um heimzukommen und Unfrieden in dieses Haus zu bringen. Auf Wiedersehen, und alles Gute!«

Beim Nachhausefahren dachte ich: »Lieber Gott, du weißt am besten, daß ich mir nie eine Belohnung erwartet habe, weil ich dir so viele Jahre gedient habe. Aber ist es nötig, daß ich jetzt für den letzten Dreck gelte deswegen? ›Buschdoktor!‹ Gib mir jetzt ein Wort, das mich wieder aufrichtet!«

Zu Hause schlug ich meine Bibel, meinen Leitfaden in allen Lebenslagen, auf und begann zu lesen. Plötzlich blieb mein Blick an dem Wort hängen: »Laß dir an meiner Gnade genügen!«

»Weißt du was?« sagte ich zu meiner Frau, »ich werde Landarzt!« Meine Frau traute ihren Ohren nicht, denn diesen Gedanken hatte ich, sooft sie ihn mir vorschlug, stets weit von mir gewiesen. »Wie kommst du denn darauf?« wollte sie wissen.

»Durch ein Bibelwort. Wenn ich doch nicht mehr operieren kann, möchte ich am liebsten auch keine Facharztpraxis. Ich sehe mich nach einer Landpraxis um, und zwar nehme ich die erste beste, die man mir anbietet.« Da ich schon nicht mehr in der Mission tätig sein konnte, schien mir diese Art Tätigkeit am ehesten meinen Vorstellungen vom Arztberuf zu entsprechen. Auf der Ärztekammer fragte ich nach einer vakanten Praxis; man verwies mich hierher, wo ich jetzt bin. Als ich das große, behäbige alte Landdoktorhaus mit seiner herrlichen Aussicht auf die Schwarzwaldberge und mit seinem großen Garten sah, dachte ich: »Das ist das richtige Nest für deine Jungen!«

Leider wollte aber der scheidende Doktor die Kaufsumme bar auf den Tisch haben – und wir, woher sollten wir die nehmen nach Jahrzehnten im Missionsdienst? Zwar war der Preis mäßig, aber für uns mit unseren Mitteln und gemessen an unserem bisherigen Einkommen erschien er schwindelnd hoch.

»Es wird nichts«, sagte ich zu meiner Frau, »wir haben das Geld nicht. Wir müssen uns nach etwas anderem umsehen.«

Aber noch bevor ich das getan hatte, kam der Bürgermeister des Ortes und sagte: »Wir haben gehört, daß Sie sich bei uns niederlassen wollen.«

»Wollen schon, aber nicht können«, erwiderte ich, »ich habe das Geld nicht, um das Haus zu kaufen.«

»Alles geregelt! Wir hatten eine Sondersitzung des Gemeinderates, und als die Leute hörten, daß Sie ein Missionsarzt waren, ein ›Buschdoktor‹ sagt man doch, haben alle gemeint: ›Den müssen wir haben, der kann gewiß alles! – Kaufen wir das Haus und lassen den Doktor einziehen!‹«

So sind wir denn bei Eis und Schnee eingezogen, haben nicht nur beim Empfang, sondern all die Jahre hindurch viel Liebe und Zuneigung erfahren und sind bis heute froh und glücklich über unseren Entschluß. Wir fühlen uns in die Dorfgemeinschaft eingebettet wie in ein warmes Nest. Meiner Sprachkenntnisse wegen kommen Gastarbeiter von weit und breit, und die Hälfte meiner Patienten sind Ausländer. So habe ich schon bald wahrgenommen, daß meine Arbeit hier nur eine Fortsetzung meiner früheren Tätigkeit ist.

Als es mit meiner Tätigkeit in der äußeren Mission zu Ende war und ich mit dreiundfünfzig Jahren noch einmal eine neue Existenz, so ganz verschieden von meiner seitherigen, gründen mußte, fragte ich mich: »Warum muß ich, da ich doch bis an mein Lebensende in der Mission hatte bleiben wollen, in meinem Alter noch einmal ganz von vorne anfangen?«

Da dachte ich an die Geschichte in Jeremia 18: »Und ich ging hinab in des Töpfers Haus, und siehe, er machte ein Gefäß, und es gefiel ihm nicht. Da drückte er den Ton zusammen und machte ein neues daraus, wie es ihm gefiel.«

So muß Gott, wenn wir ihm so, wie wir sind, nicht mehr gefallen, uns wie einen nassen Klumpen Dreck zusammendrükken, bis kein bißchen Stolz, Überheblichkeit und Eigenliebe mehr in uns ist. Erst dann kann er etwas Neues aus uns machen. Ein Gefäß, das womöglich viel schöner ist als das alte.

Ich habe ihm schon hundertmal gedankt, daß er mich damals nicht hat Chefarzt werden lassen. Ich bin für die Arbeit, die ich jetzt tue, viel besser geeignet, weil ich mich hier den Menschen besser widmen kann als im Krankenhaus, wo sie kommen, operiert werden und fortgehen.

Meine Verbindung mit der äußeren Mission ist immer lebendig geblieben. Durchschnittlich jedes zweite Jahr verbringe ich meinen Urlaub als Aushelfer an irgendeinem Missionskrankenhaus in Afrika oder Südamerika, wo man gerade dringend einen Arzt braucht, und ich habe einige Erlebnisse aus diesen Kurzeinsätzen festgehalten und zwischen die Geschichten in diesem Buch hineingestreut.

Sonntagsdienst

Die Sonntagsbereitschaft ist ein freiwilliger Zusammen-
schluß mehrerer Ärzte. Sind es wenige, hat man oft Dienst,
muß aber wenig arbeiten. Sind es viele, kommt man selten
dran und ist dann von Samstag früh bis Montag früh dauernd
auf Achse, Tag und Nacht. So ist man am Montagmorgen,
wenn eine neue Arbeitswoche beginnt, völlig ausgepumpt.
Nie wird mir deutlicher als dann, warum Gott den Sonntag
erschaffen hat.

Es ist eine Übereinkunft, daß man Patienten, welche man in
Vertretung behandelt hat, in der darauffolgenden Woche
nicht weiterbehandelt, denn wir wollen und sollen uns nicht
gegenseitig die Patienten ausspannen.

An einem solchen Dienstsonntag wurde ich in ein weiter ent-
ferntes Dorf zu einem Selbstmordkandidaten gerufen, der mit
Tabletten seinem Leben hatte ein Ende setzen wollen. Es war
ein ganz junger Mann von schätzungsweise achtzehn Jahren,
und wie ich sah, war er ein spastisch Gelähmter mit erheb-
licher Verkrüppelung der Arme und Beine. Im Zimmer stand
eine junge Frau mit einem kleinen Kind auf dem Arm, neben
ihr ein Junge, vier, fünf Jahre alt, und an ihrem Leibesumfang
konnte man sehen, daß ein weiteres Kind unterwegs war.
Nachdem ich die erste Notfallbehandlung gemacht und nach
dem Krankentransport telefoniert hatte, wartete ich dessen
Eintreffen ab und verabschiedete mich dann.

Ich hatte mir die Familienverhältnisse nicht erklären können:
Für den Ehemann der Frau schien mir der junge Mann viel zu
jung, erst recht für den Vater der Kinder. Wiederum schien
die Frau zu jung, um die Mutter des jungen Mannes sein zu
können. Ob es ihr Bruder war? Mir ging die Familie die ganze
folgende Woche nicht mehr aus dem Kopf, sie hatten alle so
traurig in die Welt geschaut. Da sie mich aber außerhalb des
Sonntagsdienstes nichts mehr angingen, hütete ich mich,
noch einmal hinzugehen.

Am nächsten Sonntag, als ich in der Kirche saß, predigte der

Pfarrer über den Text Matthäus 25, Vers 31 bis 46. Als er an die Stelle kam, wo es heißt: »Was ihr einem unter diesen Geringsten nicht getan habt, das habt ihr mir auch nicht getan«, da wußte ich, daß ich nach der Kirche dorthin gehen müßte und mich erkundigen, was es mit dem jungen Mann auf sich hatte und ob die Familie in Not war.

Auf mein Klingeln öffnete die junge Frau und schaute mich erstaunt an, weil sie mich ja nicht gerufen hatte und weil ich ja auch an diesem Sonntag keinen Dienst hatte.

»Ich bin bloß gekommen, um zu fragen, ob ich Ihnen irgendwie helfen kann«, sagte ich, »ich komme heute nicht als Arzt zu Ihnen.«

»Ach, mir kann wohl niemand mehr helfen«, erwiderte sie, »meine Lage ist so verworren, daß es eigentlich gar keinen Ausweg mehr gibt.«

»Was ist mit dem jungen Mann? Lebt er? Ist er noch im Krankenhaus?«

»Ja, aber er wird wahrscheinlich bald entlassen. Aber bitte, wollen Sie sich nicht setzen?«

»Danke. Wer ist denn der junge Mann überhaupt?«

»Er ist mein Mann.«

»Aber doch nicht der Vater der Kinder, oder?«

»Den großen Jungen hatte ich schon vor unserer Ehe, das Mädchen ist von ihm und das Kind, welches ich erwarte, auch.«

»Warum wollte er sich denn das Leben nehmen?«

»Ach, das ist eine lange Geschichte, wollen Sie sich die wirklich anhören?«

»Meine Absicht war eigentlich nur zu sehen, ob Sie etwas brauchen. Geld vielleicht oder sonst eine Hilfe. Aber wenn es Sie erleichtert, mir die Geschichte zu erzählen, ich habe Zeit.«

»Es ist so, daß ich eine Engländerin bin. Ich bin im Fernen Osten geboren und aufgewachsen. Mein Vater war ein Kolonialbeamter. Als wir nach England kamen, hatte ich zu diesem Land überhaupt keine Beziehung. Es war ja nicht meine

Heimat, wenn ich auch eine britische Staatsangehörige war. Ich studierte dann Sozialpädagogik und hörte während meines Studiums, daß es in Deutschland eine besondere Art der Erziehung, nämlich die Waldorfschule, gebe. Dafür interessierte ich mich sehr. Ich beschloß, als ich mein Studium beendet hatte, mindestens für ein Jahr nach Deutschland zu gehen und an einer Waldorfschule zu arbeiten.

In einer Heimschule für Behinderte bekam ich eine Gruppe zugewiesen und konnte auch meinen eigenen Jungen bei mir behalten. Eines der Kinder in meiner Gruppe war mein jetziger Mann. Er war schon als ganz kleines Kind von seinen Eltern ins Heim gegeben worden, da sie einen großen Bauernhof haben und ihm als Schwerbehindertem nicht die nötige Zeit und Sorgfalt widmen konnten. Harald bekam schließlich das Heimleben so satt, daß er keinen größeren Wunsch hatte, als herauszukommen. Wo sollte er aber hin? Zu seinen Eltern auf den Hof wollte er nicht, unter keinen Umständen. Vielleicht hatte er ihnen im Unterbewußtsein verübelt, daß sie ihn weggegeben hatten, obwohl sie es ja sicher gut gemeint hatten damit. Allein in die Welt hinaus, schien ein Ding der Unmöglichkeit. Er hatte ja nichts gelernt, ja nicht einmal eine abgeschlossene Volksschulbildung, da die meisten Kinder des Heimes geistig Behinderte waren und der Unterricht auf deren Kapazität eingestellt wurde. Mir tat er so leid. Ich wollte ihm so gerne helfen. So fragte ich ihn: ›Harald, was meinst du, sollen wir weggehen? Ich könnte mir eine andere Stelle suchen, wir nähmen eine Wohnung und wären eine nette kleine Familie: Du, der John und ich.‹

Er war sofort Feuer und Flamme für meinen Plan, und ich setzte ihn in die Tat um. Er und John hatten sich immer gut verstanden. Wir fanden Stelle und Wohnung; ich ging arbeiten, Harald machte im Haushalt, was er konnte, und paßte auf den kleinen John auf. Er war damals sechzehn Jahre alt, Harald meine ich. Wir hatten genug zum Leben und waren eine harmonische kleine Familie. Das ging so zwei Jahre, alles war gut. Dann fragte Harald immer öfter, ob ich meine, er bekäme auch mal eine Frau, er möchte so gerne heiraten. Bei seiner körperlichen Beschaffenheit hielt ich das für ganz unmöglich – wer würde einen so stark Behinderten heiraten wollen? Aber er tat mir so leid. So fragte ich ihn: ›Was meinst du, wenn wir zwei heirateten?‹

›Das würdest du tun?‹ fragte er mich ganz ungläubig.

›Warum denn nicht? Wir leben doch jetzt schon zwei Jahre wie eine Familie zusammen und sind gut miteinander ausgekommen. Warum sollte es anders sein, wenn wir verheiratet sind? Du bist jetzt volljährig geworden, und wenn du nur willst, dann brauchen wir niemanden zu fragen.‹

Natürlich teilten wir meinen und seinen Eltern unseren Entschluß mit und stießen bei beiden Elternpaaren auf heftigen Widerstand. Sie hielten uns für komplett verrückt. Aber Harald hatte sich schon so mit dem Gedanken vertraut gemacht, daß er ihn nicht mehr aufgab. Wahrscheinlich hatte er das Gefühl, wenn er nicht *mich* heirate, werde er wohl nie mehr eine Frau bekommen.

Nachdem wir geheiratet hatten, fingen die Schwierigkeiten bald an: Ich hatte bisher immer meinen Jungen neben mir im Bett gehabt, und nun wurde er ausquartiert, und Harald bezog seinen Platz. John wurde fürchterlich eifersüchtig und begann Harald, den er bis dahin so gemocht hatte, zu hassen. Ich bat meinen Mann um Verständnis, daß ich wechselweise auch den Jungen wieder mal zu mir nähme, damit wir weiter alle in Frieden auskämen. Aber davon wollte er nichts wissen. Als ich meinen Willen durchsetzte, weil ich keine andere Lösung sah, wurde Harald eifersüchtig. Er warf mir vor, ich hätte meinen Jungen lieber als ihn, und er haßte nun John genau so wie John ihn. Als ich schwanger wurde, war's vollends nicht auszuhalten, und selbst unser süßes kleines Mädchen konnte die beiden nicht aussöhnen. Arbeiten konnte ich nun auch nicht mehr. Bei der Art meines Berufes war das gar nicht möglich, mit zwei Kindern und einem behinderten Mann. So lebten wir denn von der Fürsorge. Die Atmosphäre in unserer winzigen Wohnung – eine größere konnten wir uns

nicht leisten – war so mit Haß erfüllt, daß es kaum noch auszuhalten war. Harald äußerte immer öfter die Absicht, mit
seinem Leben Schluß zu machen. Da passierte es eines Tages,
kurz bevor Sie zu uns kamen, daß Harald die beiden Kinder
spazierenführte, weil ich etwas besorgen mußte. Hinter ihm
gingen zwei Frauen, und er merkte, daß sie sich über ihn –
über uns – unterhielten.

›Das ist ja wirklich ein Opfer, das die junge Frau da bringt für
diesen Krüppel, man muß das schon anerkennen. Aber glauben Sie, daß die Kinder von *dem* sind? Ich nie und nimmer.
Wie soll so einer Kinder machen?‹

Da war's bei ihm aus. Er ging heim, beschaffte sich Schlafta-
bletten, und wie Sie wissen, machte er einen Selbstmordver-
such. Nun hat er mit mir telefoniert, er komme nicht mehr
nach Hause, es habe ja keinen Zweck. Ich solle eben zusehen,
wie ich mit ›meinen‹ Kindern fertigwürde, seine seien es ja
doch nicht. Alle meine Vorhaltungen, woher ich sie denn haben sollte, da er Tag und Nacht bei mir war und nie einen
fremden Mann in unserer Nähe gesehen hatte, halfen nichts.
Der Gedanke bohrt wie ein Wurm in seinem Gehirn. Ich weiß
nicht, was ich machen soll. Er kann ja schließlich zu seinen
Eltern gehen, die Möglichkeit bleibt ihm immerhin offen.
Wenn Sie mich schon fragen, ob Sie mir helfen können, dann
will ich so frei sein und Ihnen sagen, was meine Schwierigkeit,
mein Problem ist: Ich kenne niemanden, habe niemanden,
der mich einmal bei den Kindern ablösen kann. Ich muß ja
Besorgungen machen und auch während meiner Schwanger-
schaft zur Untersuchung zum Arzt gehen. Da wäre ich Ihnen
schon dankbar, wenn Sie da jemanden wüßten.«

Zu Hause besprach ich mich mit meiner Frau. Unsere beiden
Jüngsten meldeten sich als Babysitter, während meine Frau
die werdende Mutter im Auto mitnahm, wenn sie in die Stadt
fuhr. Harald war inzwischen zu seinen Eltern gegangen, wo
er es aber nicht lange aushielt. Das Baby, ein Junge, wurde
geboren, er kam noch einmal zurück um »es zu versuchen«.
Meine Frau wurde Patin. Nach der Taufe war dann die Tren-

nung endgültig. Wir nahmen Harald zu uns, bis wir eine Existenz für ihn gefunden hatten. Unsere Familie war in zwei Parteien gespalten: Die Kinder waren alle für Harald, der ihnen furchtbar leid tat. Einer schleppte ihn mit zum Fußball, der andere nahm ihn auf seinem schweren Motorrad mit, der dritte lud ihn zu Parties ein, auf denen er Gast war, der vierte machte mit ihm eine Ferienreise mit Auto und Zelt durch ganz England und Schottland, und es zeigte sich, daß Harald kolossal kontaktfreudig war und überall schnell Freunde hatte. Alle Freunde unserer Jungen waren auch bald seine Freunde. Eine unserer Schwiegertöchter unternahm mit ihm eine Paddelbootfahrt auf der Donau von Ulm bis Regensburg, bei der beide fast ertrunken wären, denn im Strudel bei Regensburg kippte das Boot, und Harald konnte nicht schwimmen. Er klammerte sich an das Mädchen, das sich noch rechtzeitig von ihm befreien konnte, um ihn unter den Armen zu greifen und ans Land zu ziehen.

Meine Frau nahm unterdessen Gene – so hieß die Frau – und ihre drei Kinder unter ihre Fittiche, zum heftigsten Protest unserer Kinder. Sie betonten immer wieder, dieses »blöde Weib« habe Harald das Leben verhunzt, sie verdiene es gar nicht, daß man sich um sie kümmere. Aber meine Frau versuchte, ihnen klarzumachen, daß Gene es ja auch nur gut gemeint habe und nun bitter dafür gestraft sei, daß ihr Hilfeversuch gescheitert sei.

»Mutter, als Sozialpädagogin hätte sie wissen müssen, daß das nicht gutgehen kann«, meinten die Kinder. »Ja, da mögt ihr recht haben. Aber Hilfe muß man dem geben, der sie *braucht*, nicht dem, der sie verdient. Und sie ist im Augenblick übler dran als Harald. Darum ist es mir recht, wenn ihr euch um *ihn* kümmert, und mir überlaßt ihr *sie* und die Kinder.«

Natürlich wäre es nicht sinnvoll gewesen, wenn wir Harald länger bei uns behalten hätten; er sollte ja aus der Rolle des Betreuten herauswachsen und selbständig werden. Nachdem wir eine Arbeit für ihn gefunden hatten, suchten wir ein Zimmer; er zog aus und kam nur noch an den Wochenenden zu uns, oder wenn die Jungen etwas mit ihm vorhatten.

Die Kinder waren reizend. So oft Gene mal eine Weile ausspannen mußte, holte meine Frau sie zu uns, und sie fühlten sich hier ganz heimisch bei der »großen Mutter«, wie sie Erika im Gegensatz zu ihrer sehr kleinen Mutter nannten. Wenn Harald kam, saßen alle eng umschlungen auf dem Sofa und sahen sich am Fernseher etwas an, weil es den bei ihnen daheim nicht gab.

Leider wollte Gene die Kinder ganz von ihrem Vater fernhalten, und so reichte er die Scheidung ein, damit ihm vom Gericht zugesprochen würde, wann und wie oft er sie sehen dürfe. Da er inzwischen eine ziemlich gut bezahlte Stelle gefunden hatte, wurden ihm die Alimente für die Kinder automatisch vom Gehalt abgezogen. Aber sehen sollte er seine Kinder trotzdem nicht, was unsere Kinder besonders erbitternd fanden.

Um dem ganzen Gerangel aus dem Wege zu gehen, verzog die Mutter nach Frankreich, damit ein für allemal ein Trennungsstrich gezogen wäre. Die Alimente wurden dorthin überwiesen. Harald hatte eine Familie, war aber allein.

Wie wir von dort hörten, bekam sie nun noch ein weiteres Kind, lebte mit allen vier Kindern Sommer wie Winter in einem Wohnwagen auf einem Campingplatz und verdiente sich ihren Unterhalt als Übersetzerin, da sie mehrere Sprachen fließend spricht.

Unsere Kinder sind alle erwachsen und außer Haus, Harald ist nun ganz unabhängig und selbständig geworden und besucht sie von Zeit zu Zeit reihum. Wenn alle zu Hause sind, kommt auch er dazu. So hat sich der »Sonntagsdienst« über viele Jahre hingezogen, allerdings nicht ärztlich, denn der Hausarzt hatte die Familie weiterbehandelt. Ich meine den Dienst, der uns als Familie an jenem Sonntag aufgetragen worden war; ohne das Wort: »Was ihr einem unter diesen Geringsten nicht getan habt...« wäre ich wohl nie wieder zu jener Familie gegangen.

Postscriptum nach einigen Jahren:
Gene hat den Vater des vierten Kindes geheiratet und noch eines dazubekommen, er brachte auch zwei mit in die Ehe, so daß sie insgesamt sieben Kinder von drei verschiedenen Vätern und Müttern haben, mit denen sie einträchtig in zwei großen Wohnwagen leben.

»Unsere zwei«, die Kinder von Harald, kommen alljährlich zu uns in den Ferien. Sie sind zwei ganz goldige Kinder, die man einfach gernhaben muß. Sie sind lieb, wohlerzogen, lustig, sportlich und gescheit und sprechen Französisch und Deutsch – das sie bej uns alljährlich auffrischen – fließend. An ihrem Stiefvater, der sie herbringt und abholt und ein sehr netter Mann ist, hängen sie mit großer Liebe. Nur mit dem ältesten Sohn von Gene, jetzt in der Pubertät, werden sie nicht fertig. Er ist durch die Verhältnisse, in denen er aufgewachsen ist, verhaltensgestört und will nur immer zurück nach Deutschland. Schließlich haben sie eine Familie gefunden, die ihn in Pflege genommen hat, und jetzt will er hier eine Lehre anfangen.

Harald hat sich mit seinem Los abgefunden. Da er sehr kontaktfreudig ist, hat er eine Menge Freunde. Er macht große Reisen, nach Afrika, Australien und Neuseeland, und kann es sich auch leisten, da er einen guten Job als Sterilisator in einem Krankenhaus hat und als Behinderter außer den Alimenten für seine beiden Kinder keinerlei Abgaben hat.

Meine letzte Operation

So waren wir also nach achtzehn Jahren wieder in den Chaco zurückgekehrt, wo ich meine fruchtbarsten Lebensjahre verbracht hatte von 1950 bis 1963.
Es war eines Jubiläums wegen, daß mich die Kolonieleitung eingeladen hatte. Ich hätte so viel zum Aufbau der Kolonie beigetragen, daß sie dieses Fest nicht ohne mich und meine Frau feiern wollten.

Mir schien es wenig sinnvoll, nur eines Festes wegen diese weite und teure Reise zu machen, und da ich wußte, daß mein Nachfolger am Krankenhaus schon lange gerne einen längeren Fortbildungsurlaub gemacht hätte, bot ich mich an, ihn drei Monate an meinem früheren Krankenhaus zu vertreten. Das Angebot wurde gerne angenommen, ich suchte mir einen Vertreter für die hiesige Praxis, hospitierte eine Weile vorher auf der Chirurgie des benachbarten Krankenhauses, um wieder ins Fahrwasser zu kommen, und so konnte die Reise losgehen.

Geplant war gewesen, daß Cornelius auch mitgehen und wir zusammen operieren würden, er war ja Chirurgieassistent und »voll drin«. Aber da bekam er wieder einmal einen seiner Rippenfellrisse mit Spontanpneu, mußte ins Krankenhaus, und aus seiner Südamerikareise wurde nichts.

Für die Reise in den Chaco hatten wir 1950 fünf Wochen gebraucht, diesmal nur achtzehn Stunden – welch ein Unterschied! Was damals ein riesengroßes Abenteuer gewesen war, auf dem Fluß und Landweg ins Innerste von Südamerika vorzustoßen, erschien uns nun nicht anders, als wenn wir hier in Europa mit dem Auto eine Ferienreise unternähmen.

Mein Verhängnis war nun, daß alle älteren Leute mich noch von meiner früheren Tätigkeit als einen »Mann, der alles kann« in Erinnerung hatten, denn wohl oder übel hatte ich damals alles, was anfiel, operieren müssen, da es keinerlei andere Möglichkeit gab. Die Reise in die Stadt dauerte eine Woche und war äußerst beschwerlich, und man konnte sie keinem schwerkranken Menschen zumuten. So hatte ich mir immer sagen müssen: Entweder du operierst ihn, oder er stirbt. Damit rechtfertigte ich mich für viele Eingriffe, die ich eigentlich gar nicht hätte machen dürfen, weil ich nicht die Ausbildung und Erfahrung dafür besaß. Daß trotzdem bis auf einen einzigen Fall in den dreizehn Jahren alles gut ausgegangen war, erscheint mir heute noch wie ein Wunder.

Vor meiner Zeit war ab und zu ein Chirurg aus den USA gekommen und hatte am laufenden Band alles wegoperiert, was angefallen war. Damals machte man die Narkose noch mit Äther, den man einfach offen: tropf, tropf, tropf, auf die Maske träufelte, ohne Sauerstoffzusatz, ohne Relaxantien oder sonst etwas. Der Chirurg und das Operationspersonal waren nach der Operation von dem offenen Äther meist selbst halb narkotisiert. Aber das war nicht das Schlimmste. Die offene Äthernarkose hatte verheerende Folgen für die Darmtätigkeit. Die Darmmuskulatur war gelähmt, die Bäuche riesig aufgebläht, und wir Chirurgen zitterten drei Tage nach jeder längeren Operation, ob der Patient davonkommen oder an einem »paralytischen Ileus« (Darmlähmung) sterben oder aber einen Operationsnarbenbruch infolge des ungeheuren Gasdrucks von innen bekommen würde.

So hatte ich damals als Hinterlassenschaft jenes zwar tüchtigen, aber eiligen amerikanischen Chirurgen, welcher zwar vorzüglich operiert, aber sich dann nicht mehr um seine Patienten gekümmert hatte, sondern nach Hause gefahren war, riesige Narbenbrüche vorgefunden, oft größer als ein Kindskopf.

Bei der unmenschlichen Hitze von 45 Grad im Schatten war das Tragen von Bruchbandagen eine Qual, eine fast ebenso große war es aber, wenn die halben Eingeweide im Bruchsack drinhingen. So blieb mir denn nichts übrig, als zu versuchen, die Schäden meines Vorgängers wiedergutzumachen. Allmählich entwickelte ich mit der Hilfe von Erika, die mir ja viele Jahre hindurch bei vielen Operationen assistierte, eine gewisse Routine in der Narbenbruchoperation und gewann dadurch einen gewissen Ruf, so daß die Patienten von weit und breit zu uns ins Buschkrankenhaus kamen, um sich operieren zu lassen.

Ich hätte mir vorher nicht träumen lassen, daß die Leute ein so gutes Gedächtnis hätten – aber als es jetzt nach achtzehn Jahren hieß: »Der Dollinger kommt wieder für drei Monate«, da strömten die Leute herbei wie in alten Zeiten, als es außer mir im ganzen Chaco noch keinen Chirurgen gegeben hatte.

Unter den Herbeigeströmten war auch eine Frau mit einem solchen Riesenbruch. Sie war schon drei- oder viermal operiert worden, immer ohne Erfolg, immer waren die Bauchdecken wieder aufgeplatzt, und man hatte ihren Bauch notdürftig verschließen müssen, so daß es wieder einen neuen Bruch gab.

»Ich habe meine ganze Hoffnung auf Sie gesetzt, Dr. Dollinger«, sagte sie, »als ich hörte, daß Sie kommen, stand mein Entschluß fest: jetzt oder nie!«

Die Schwestern warnten mich alle: »Es haben sich schon so viele Ärzte an der Frau versucht, bitte, lassen Sie die Finger davon, es geht nie gut aus bei der«, sagten sie.

Ich glaubte, mich herauswinden zu können, und sagte zu der Patientin: »Sie sind viel zu dick, so ist mir die Operation unmöglich, auch wäre das Narkoserisiko viel zu groß.«

»Und wenn ich mir zehn Kilo abhungere, machen Sie es dann? Bitte, bitte, ich weiß, daß Sie der einzige sind, der es kann!«

So ließ ich mich auf einen Kompromiß ein in der Hoffnung, daß sie das in drei Monaten nie schaffen würde.

Aber sie hungerte eisern, und als meine Zeit schon fast abgelaufen war, kam sie, ließ sich auf die Waage stellen, und siehe da: Zehn Kilo weniger!

Ich machte mich also mit Furcht und Zittern an die Operation. Zuerst waren die Eingeweide ganz und gar direkt mit der Bauchhaut verwachsen, da war gar keine andere Gewebsschicht darunter. In mühevoller Kleinarbeit mußte ich zunächst die Haut von den Därmen abschälen. Dann hieß es, die einzelnen Bauchdeckenschichten aufsuchen – Fett von der Faszie, Faszie vom Muskel und Muskel vom Bauchfell isolieren, denn um die Operation erfolgreich zu gestalten, müssen alle Schichten einzeln zueinandergebracht und vernäht werden. Aber – wo waren sie, meine Schichten? Immer weiter und weiter mußte ich von der Bauchmitte auf die Seiten gehen, und als es endlich so weit war, daß ich die Schichten isolieren konnte, klaffte ein solch breiter Spalt, daß es ein

Ding der Unmöglichkeit schien, den Bauch wieder zuzubringen. Die Assistenten drückten mit aller Gewalt von beiden Seiten den Bauch zusammen, es reichte nicht. Ich schwitzte Blut und Wasser. Was sollte ich tun? Ich konnte doch nicht einfach den Bauch offen und die Frau sterben lassen, die vorher ihr ganzes Vertrauen in mich gesetzt hatte!

Schließlich nahm ich meine Zuflucht, wie schon so oft in meinem Leben, zu Gott und sagte zu ihm: »Lieber Gott, ich weiß, ich hätte mich nicht darauf einlassen dürfen! Aber es geht nicht um mein Prestige, es geht um das Leben dieser Frau, die es nicht verdient hat, wegen meines Leichtsinns sterben zu müssen. Bitte, hilf mir noch dieses eine Mal, wie du mir schon so oft in unmöglichen Lagen geholfen hast. Gib mir einen Einfall, *wie* ich den Bauch wieder zubringen kann. Ich will dir versprechen, daß ich dann nie wieder in meinem Leben ein Operationsmesser in die Hand nehmen will, es sei denn für die ›kleine Chirurgie‹.«

Dann kam mir der rettende Gedanke. Anstatt den Bauch von innen nach außen zu verschließen, machte ich es umgekehrt. Ich legte zwar die Nähte schichtweise von innen nach außen – Bauchfell, Muskel, Faszie, Fett und Haut, aber ich knüpfte sie nicht. Erst als alle Nähte gelegt waren, zogen mein Assistent und ich aus Leibeskräften an *den* Fäden, die durch die beiden festesten Schichten, nämlich Faszie und Haut gingen, während zwei Schwestern die Bauchseiten zusammendrückten, so sehr sie konnten. Als sich nun der klaffende Bauchspalt mehr und mehr schloß, konnte ich darangehen, die Fäden schichtweise zu verknüpfen, was natürlich gar nicht einfach war. Die Enden der Faszien- und Hautfäden legte ich ganz weit seitlich zur Haut heraus, und wir führten sie durch Metallplatten, ähnlich wie große Knöpfe. So konnte der ungeheure Zug und Innendruck sich nach den Seiten hin entlasten, und die Operationsnarbe war nicht mehr unter Spannung wie früher. Der Bauch war zu! Er wurde noch stramm gewickelt, wie bei einer Wöchnerin, und ich glaubte, die Patientin sei gerettet, die Operation geglückt.

Aber es kam noch eine Komplikation dazu. Infolge des nun so verengten Bauchraumes und der strammen Wickelung wurde das Zwerchfell nach oben gedrückt, die Lungen hatten viel weniger Platz zum Atmen, dazu kam noch die Unbeweglichkeit der Patientin; so war es kein Wunder, daß sich eine Lungenentzündung einstellte mit 40 Grad Fieber, die sie schließlich noch fast das Leben gekostet hätte. Jedoch zum Glück gab es ja nun Antibiotika, dazu am Krankenhaus eine Krankengymnastin, die fleißig mit ihr übte.

Am Tag vor meiner Abreise konnte ich die letzten Fäden ziehen, die Lungenentzündung war auskuriert, die Wunde p. p. verheilt, nichts von einem Bruch zu sehen!

»Ich hab's ja gleich gewußt, daß Sie es können«, sagte die Frau, ahnungslos, was ich wegen ihr durchgemacht hatte.

»Der liebe Gott hat mir dabei geholfen, allein hätte ich's nicht geschafft«, sagte ich ihr zum Abschied.

Bald sechs Jahre sind seither verflossen, der Patientin geht's gut, und ich – ich habe nie wieder operiert!

Beruhigungspillen

Eine alte Dame, zucker- und herzkrank, kam in die Sprechstunde. Als sie untersucht war und ihr Rezept hatte, meinte sie: »Ach, und dann könnten Sie mir noch ein paar Beruhigungspillen für meine Tochter aufschreiben, sie kann nicht mehr schlafen.«

»*Ihre* Tochter? Aber die ist doch die Ruhe selbst!«

Wie oft hatte ich sie bewundert ob ihrer Gelassenheit. Sie war eine Heimatvertriebene aus dem Osten und hatte sieben Kinder und einen Enkel. Alle zusammen samt der Großmutter lebten in einer Dreizimmerwohnung. »Da würde ich glatt verrückt«, dachte ich jedesmal, wenn ich dort einen Hausbesuch zu machen hatte. Aber sie war immer gleichbleibend freundlich und ruhig-gelassen. Und nun auf einmal Beruhigungspillen? Das mußte doch einen Grund haben!

»Was ist denn mit ihr los?«

»Ach, der Junge (die anderen sechs waren Mädchen) macht ihr so viel zu schaffen. Er ist frech und aufsässig, sie wird einfach nicht mehr mit ihm fertig. Wenn das so weitergeht, kommt er auf die Verbrecherlaufbahn, ein ›Halbstarker‹ ist er jetzt schon.«

Mich wunderte das, denn von der Seite kannte ich den Jungen gar nicht. Er war oft bei uns im Haus, da er einer der Freunde meiner Söhne war. Ich bat daher die alte Dame, ihn doch einmal zu mir zu schicken, damit ich mit ihm reden könne. Er kam.

»Martin, was ist denn mit dir los? Ich höre, daß deine Mutter gar nicht mehr mit dir fertig wird. So kenne ich dich ja gar nicht, was ist denn auf einmal in dich gefahren?« Da brach es aus ihm heraus: »Sie wissen ja, daß ich immer Funkelektroniker werden wollte, meine ganze Schulzeit hindurch habe ich nichts anderes werden wollen, und ich interessiere mich auch jetzt für nichts anderes. Nun hat meine Mutter keine Lehrstelle für mich gefunden, und so bin ich in einer Fabrik gelandet, wo ich als Werkzeugmacher lernen soll. Das interessiert mich aber überhaupt nicht. Wenn ich mir vorstelle, daß ich mein ganzes Leben lang einen Beruf ausüben soll, der mir keinen Spaß macht, werde ich schier verrückt. Das kann meine Mutter gar nicht begreifen. Sie sagt, man müsse lernen, sich in das Unvermeidliche zu schicken, das habe sie auch gemußt in ihrem Leben. Sie sei froh, daß sie überhaupt eine Lehrstelle für mich gefunden habe. Ich solle zufrieden sein, daß ich nicht Hilfsarbeiter werden muß.«

Das war also der wunde Punkt! Ich rief bei einem bekannten Fernsehgeschäft an und fragte, wie es mit Lehrstellen stünde. Man sagte mir das gleiche, was mir auch Martin gesagt hatte, nämlich, daß es keine gebe, da der Andrang zu diesem Beruf sehr groß sei. Um was es sich denn handele? Ich erzählte die ganze Geschichte und gab meiner Befürchtung Ausdruck, daß Martin auf dem besten Weg sei, ein Halbstarker oder gar noch Schlimmeres zu werden. Es stellte sich heraus, daß man bei dieser Ausbildung zuerst ein Jahr auf die Berufsschule müsse, daß der Andrang dorthin genauso groß sei und daß die Schwierigkeiten, das Klassenziel zu erreichen, für einen nicht besonders begabten Volksschulabgänger schier un- überwindlich seien.

Ich fuhr zum Direktor der Berufsschule und bat ihn, den Jun- gen aufzunehmen.

»Mich freut zwar zu sehen, daß ein Arzt sich auf solche Weise um seine Patienten kümmert, aber schließlich können auch Sie nicht mit dem Kopf durch die Wand«, meinte er. »Der Junge soll froh sein, eine Werkzeugmacherlehrstelle gefun- den zu haben, das ist ein aussichtsreicher Beruf mit guten Ver- dienstmöglichkeiten. Eine saubere Arbeit, und sie kann auch im Winter im Warmen ausgeübt werden. Außerdem hat das Schuljahr schon begonnen, und wir nehmen sowieso keinen Schüler an, der nicht schon einen Lehrvertrag vorweisen kann. Schlagen Sie sich die Sache aus dem Kopf und beraten Sie den Jungen, sich zufriedenzugeben.«

Ich fuhr selbst zum Fernsehgeschäft und bat den Chef, sich Martin wenigstens einmal anzusehen und ihm, wenn er einen guten Eindruck mache, einen Lehrvertrag auszustellen.

»Was riskieren Sie schon dabei?« fragte ich, »wenn Martin sein Klassenziel nicht erreicht, brauchen Sie ihn ja nicht zu nehmen. Wenn er es aber erreicht, verbürge ich mich dafür, daß er ein guter und fleißiger Lehrling wird.«

Martin erhielt seinen Lehrvertrag. Wieder ging ich zum Schuldirektor und machte einen zweiten Anlauf, die Hürde zu nehmen.

»Wieso glauben Sie eigentlich, daß er sein Klassenziel errei- chen wird, wenn er in der Volksschule so schwach war, daß er nur den B-Zug geschafft hat, und das nur mit einer Vier in allen Fächern? Bei uns sind die meisten Schüler Abgänger der Mittelschule, und unsere wenigen Volksschüler haben Spit- zen-Zeugnisse.«

»Weil ich mir vorstellen kann, daß man bei zehn Personen in drei Zimmern nicht lernen *kann* – weil man diesem Mißstand abhelfen kann und weil es schließlich noch Lehrer gibt, die Nachhilfestunden geben. Nehmen Sie ihn also, oder nehmen Sie ihn nicht?«

»Und wo, wenn ich fragen darf, findet dann Ihr Schützling das ruhige Plätzchen zum Lernen?«

»Bei mir, mein Haus ist zum Glück groß genug.«

»Und wer gibt Nachhilfestunden?«

»Das wird sich finden.«

»Und wer bezahlt diese?«

»Ich.«

»Nun, dann kommen Sie wieder, wenn alles geregelt ist. Vorher verspreche ich nichts.«

Ich ging zu Martins ehemaligem Lehrer, fragte ihn, ob er ihn intelligenzmäßig für befähigt halte, die Berufsschule zu absolvieren, und ob er bereit sei, ihm Nachhilfestunden zu geben. Der Lehrer, offenbar von meiner Hartnäckigkeit überwältigt, erklärte sich bereit und wollte die Stunden für den halben Preis geben, denn »von Ihnen will ich mich auch nicht in den Schatten stellen lassen, schließlich bin ich sein Lehrer gewesen und habe an ihm genausoviel Interesse wie Sie.«

Martin wurde angenommen und bezog mit sechs Wochen Verspätung die Berufsschule, nachdem sein Lehrvertrag als Werkzeugmacher gelöst war. Zum Lernen kam er abends in unser Fernsehzimmer. Oft machte er spätabends, wenn wir ihn schon gar nicht mehr im Hause wähnten, rührenderweise unsere Schlafzimmertür einen Spalt auf und sagte: »Also i geh' jetzt, gut' Nacht!«

Da ich natürlich zu all diesen Unternehmungen die Einwilligung der Mutter gebraucht hatte, rang die ein übers andere Mal die Hände und sagte: »Mein Gott, Herr Doktor, ich kann mir gar nicht vorstellen, warum Sie sich um den Lausejungen soviel Mühe machen, verdient er denn das?«

»Die Oma hat mich gebeten, Ihnen Beruhigungspillen zu verschreiben, und das habe ich jetzt getan. Hoffen wir, daß sie wirken und daß Sie bald wieder ruhig schlafen können.

Oder haben Sie gedacht, ein Arzt tue nichts weiter als Tabletten verschreiben und Spritzen geben, um den Patienten zu helfen?«

Die Pillen haben geholfen. Martin hat die Schule mit Hochglanz absolviert, bekam eine Lehrstelle in einem viel besseren Betrieb, wurde ein tüchtiger Funkelektroniker und hat seiner Mutter keinen Kummer mehr gemacht.

Bei uns gehört er zur Familie und kommt oft, um zu fragen, ob es nichts zu reparieren gebe. An jedem Geburtstag und zu Weihnachten steht er mit einem Blumenstöckchen da.

Warten auf ein Wunder

Es war im Jahr 1974, als in Äthiopien und in der ganzen Sahelzone die große Hungersnot ausgebrochen war, nachdem es drei Jahre nicht geregnet hatte. Ein Massensterben von Menschen und Vieh setzte ein, wie es in der neueren Geschichte noch nicht dagewesen war. In allen Zeitungen, im Radio und Fernsehen war Thema Nr. 1 die Hungersnot in Afrika, und viele Länder schickten Lebensmittel und andere Hilfsgüter und auch viele freiwillige Helfer dorthin.

»Da würde ich jetzt auch gerne hingehen und helfen, wenn ich wüßte, wo sie mich brauchen können«, sagte ich zu meiner Frau. Kurz darauf kam ein Hilferuf von dort. Ein Missionsarzt, hieß es, sei so mit Arbeit überlastet, daß er am Zusammenbrechen sei. Er suche dringend nach einem Arzt mit Missionserfahrung, der ihn entlasten könne.

Ich suchte mir einen Vertreter für die Praxis, führte schnell die notwendigen Impfungen gegen Cholera, Typhus und Pocken sowie die Malariaprophylaxe durch, bestellte den Flugschein und flog nach Addis Abeba. Auf der Missionszentrale fragte mich der Leiter, ob es mir etwas ausmachen würde, an einen anderen Platz als den geplanten zu gehen. Sie hätten gehört, daß ich Chirurg sei, und es gebe ein Missionskrankenhaus in einem anderen Landesteil, das zur Zeit ohne

Arzt sei. Die Not sei dort besonders groß, denn es sei das einzige Krankenhaus für etwa eine Million Menschen.

Ich fuhr denn mit einem mit dreiundsechzig schwarzen Passagieren besetzten Bus durch eine atemberaubende Gebirgslandschaft in zehnstündiger Fahrt in das vierhundert Kilometer entfernte Krankenhaus. Als ich ankam, wollte ich, bevor ich mich duschte und umzog, noch schnell den Missionsgeschwistern guten Tag sagen. Es waren Schwestern, Hebammen und Pfleger aus den USA und Australien. Die erste Frage war: »Are you saved, brother?« (Bist du bekehrt, Bruder?)

»Yes, I am.«

»How old were you, when you were saved?« (Wie alt warst du, als du dich bekehrt hast?)

»35.«

»Oh, that old? How comes, that you were that old?« (Was? So alt? Wie kommt es, daß du schon so alt warst?)

Ich sagte, daß jetzt schwerlich der rechte Ort und die rechte Zeit sei, um weiter darauf einzugehen, ich sei müde und wolle jetzt erst einmal duschen, mich umziehen und etwas essen und trinken.

Danach aber ging's gleich medias in res: Kaiserschnitt (meist die Begrüßung, wenn ich nach Afrika komme), Fehlgeburt, Bauchverletzung, Steißlagengeburt, Nabelschnurvorfall, Gesichtslage bei engem Becken, Placenta praevia, kurzum, ein ganzes Lehrbuch der pathologischen Geburtshilfe in wenigen Tagen und Nächten. Normale Geburten kommen fast niemals ins Krankenhaus, die werden zu Hause abgemacht. Die Menschen, wegen Parasiten und Unterernährung schon vorher unglaublich blutarm, mußten aus einem Gebiet von vierhundert Kilometern im Umkreis – mit nur einer Fahrstraße – oft in tagelangen Fußmärschen auf selbstgefertigten Tragen über dreitausend Meter hohe Gebirgspässe hergetragen werden – und bei den gebärenden Frauen meist unter stärksten Preßwehen! Die Patienten waren bei ihrer Einlieferung oft so ausgeblutet, daß man weder den Puls fühlen noch den Blutdruck messen konnte. Bluttransfusionen kamen so gut wie gar nicht in Frage, da die möglichen Spender meist selbst blutarm oder mit Tropenparasiten behaftet waren. So wurde jede Operation eine Sache auf Leben und Tod. Nur das Bewußtsein, daß der Patient ohne Operation ohnehin sterben müßte, gab einem den Mut, es zu wagen. Nachdem ich schon bei der ersten Operation gemerkt hatte, daß eine Narkose unter den gegebenen Umständen nicht in Frage kam, mußte ich entweder in Lumbalanaesthesie oder sogar mit nur zehn ml Novocain-Lokalanaesthesie, unter die Bauchdecken gespritzt, operieren. Oft waren die Patienten schon vorher bewußtlos und spürten schon aus diesem Grunde nichts. Immer hängten wir an beiden Armen Plastikbeutel mit Blutersatz an die Venen, den man dann unter Druck in die Adern pumpen kann, anders als mit Glasflaschen. So kam es oft vor, daß der Patient erst im Laufe der Operation zu bluten anfing, während man beim Aufschneiden den Eindruck hatte, an einer Leiche zu operieren, da kein Tröpfchen Blut kam – ein makabres Erlebnis für einen Chirurgen, denn bei uns heißt es: »Wo kein Blut, da kein Leben.« Mehr als einmal sagte der Helfer: »Doctor, you can stop, she is gone« (Sie können aufhören, sie ist tot). Aber ich sagte dann immer: »Nur fest weiterpumpen und Sauerstoff in die Lungen und Herzmittel dazu, denn den Bauch muß ich so und so zunähen, ob lebendig oder tot.« Und plötzlich – o Staunen! – fing es dann an zu bluten, die Atmung setzte ein und ein allgemeines »Ahhh« entfuhr den Kehlen der Mitarbeiter. So etwas kann man medizinisch gar nicht begreifen, und nie ist man Gott näher als in solchen Augenblicken. Die unterernährten Körper hatten natürlich auch viel weniger Widerstandskraft gegen die vielen Tropenkrankheiten, und so war das Krankenhaus außer von den chirurgisch-geburtshilflichen Fällen voll von Malaria, Typhus, Lepra, Tuberkulose, Hakenwurm, Filaria Oncocercose, Meningitis, Pocken, Knochenmarksvereiterung. Zwei Gebäude des weitläufigen Krankenhauses waren reserviert für immer wieder auftretende Choleraepidemien. Die meisten dieser Patienten mit Tropenkrankheiten werden sowieso nur ambulant behandelt, da man nur die allerschwersten Fälle aufnehmen kann. So gehen durch die Ambulanz des Krankenhauses täglich etwa vier- bis fünfhundert Patienten. Obwohl nur ein Arzt am Krankenhaus ist – wie erwähnt das einzige für rund eine Million Menschen –, so ist doch ein Mitarbeiterstab von vier Missionsnursen sowie von sechzig einheimischen »Dressern« da, die dem Doktor den größten Teil der Arbeit abnehmen, so daß man als Arzt eigentlich niemals Bagatellfälle zu sehen bekommt. Alles, was von den Dressern »gesiebt« vor den Doktor kommt mit dem Vermerk: »refer to doctor«, sind Fälle auf Leben und Tod.

Von all der Not und dem unbeschreiblichen Elend, das ich gesehen habe, hat mich am meisten die selbstverschuldete Qual dieser Menschen erschüttert. Obwohl sie vor Hunger und Unterernährung kaum noch kriechen konnten, wurden doch tagaus, tagein die schwersten Verletzungen ins Krankenhaus eingeliefert, verursacht durch Messer, Lanzen, Speere, Pfeile, Äxte, Schußwaffen, so daß ich mich oft auf einem Hauptverbandplatz im Kriege wähnte. Ein ununterbrochener Kleinkrieg zwischen Eheleuten, Nachbarn, Stämmen schien zu herrschen. Die Pausen zwischen den einzelnen Operationen – es waren bis zu fünfzehn an einem Tag – waren ausgefüllt mit dem Diktieren von »legal letters« (ärztlichen Attesten) für die Gerichte, oder mit Autopsien der bereits tot eingelieferten Verletzten. Laut Gesetz muß bei jedem, der eines gewaltsamen Todes gestorben ist, die Todesursache vom Arzt bescheinigt werden, sonst erhält die geschädigte Familie keinen Cent Entschädigung. Die Gräßlichkeit der Verletzungen zu schildern, will ich mir sparen. Aber selbst für mich, der ich sechs Jahre im Zweiten Weltkrieg als Arzt an der Front war und fast achtzehn Jahre auf dem Missionsfeld gearbeitet habe, hieß es die Zähne zusammenbeißen, um nicht schlappzumachen.

Eines Abends, als ich todmüde auf mein Lager sank und vor lauter Herzklopfen in Erinnerung an all die schauerlichen Bilder nicht einschlafen konnte, ging es mir plötzlich durch den Kopf: »Bist du etwa wirklich verrückt, wie daheim manche Leute sagen, daß du deinen Urlaub auf diese Weise verlebst, oder *warum* tust du es?« Ich nahm mein Losungsbuch her, um meine Abendandacht zu halten, schlug die angegebene Bibelstelle auf und fand in Joh. 9 den Vers: »Ich muß wirken die Werke des, der mich gesandt hat, solange es Tag ist, denn es kommt die Nacht, da niemand wirken kann«. Ich dachte bei mir: »Jetzt bist du noch gesund und kräftig, wer weiß, ob du es nächstes Jahr noch bist, also danke Gott für diese Gelegenheit, einen Dienst zu tun.« Bald darauf schlief ich ein und erwachte am Morgen gestärkt zu einem neuen Tagewerk. Es ist Sonntag. Ich gehe mit einem der Krankenhausmitarbeiter in die Kirche im Tal, einen halbstündigen Fußmarsch weit. Die Kirche ist, wie alle Kirchen in Afrika, total überfüllt. Dichtgedrängt sitzen die Menschen auf den lehnenlosen Bretterbänken. Die Mütter haben die Säuglinge auf dem Schoß und geben ihnen auch während des Gottesdienstes ungeniert die Brust, schon damit sie ruhig sind. Die kleinen Kinder sitzen mit untergeschlagenen Beinen im Mittelgang auf dem Fußboden, und die halbwüchsige Jugend sitzt auf den Fenstersimsen und baumelt mit den Beinen. Einen großen Teil des Gottesdienstes nimmt das Auswendiglernen der Bibel ein, da die meisten ja Analphabeten sind und die Bibel nur auf diese Weise erfahren können. Immer wird die Bibel*stelle* mit dem Vers auswendiggelernt. Ich sollte später noch erfahren, welch große Hilfe das Auswendiglernen ist.

Die Arbeit am Krankenhaus ruht natürlich auch am Sonntag nicht. Patienten strömen und strömen, nachdem es sich mit dem »Buschtelegraf« herumgesprochen hat, daß ein Doktor da ist.

Einmal wird eine Frau eingeliefert, schon tagelang unterwegs, mit Stich- und Hiebverletzungen im Brustkorb und Bauch und am rechten Knie, das fast in zwei Teile gespalten ist. Auch ist sie bewußtlos. Kein Puls ist fühlbar, kein Blutdruck meßbar – total ausgeblutet. Die Wunden habe ihr ihr

Mann beigebracht, sagen mir die Nachbarn, welche sie her-getragen haben. Ich sehe sofort, daß sie schwere innere Ver-letzungen haben muß. Nun stehe ich vor der schweren Ent-scheidung: operieren oder nicht operieren. Eine Operation in diesem Zustand scheint mir ein Todesurteil zu sein, zumal wir eine Thoraxoperation ohnehin nicht machen können. Ohne Operation stirbt sie ebenso gewiß. Die Entscheidung wird mir abgenommen, da auch in Äthiopien nur mit Einwil-ligung des Patienten oder seiner nächsten Angehörigen ope-riert werden darf. Sie selbst ist bewußtlos, Angehörige sind nicht dabei, die Nachbarn weigern sich, eine Unterschrift zu geben. Wir legen Infusionen, geben Antibiotika. Ich gehe schweren Herzens in meinen kleinen Bungalow. Da ich nicht einschlafen kann, suche ich mir auf dem Bücherbord des Vor-gängers ein Buch zum Lesen, und es fällt mir eines in die Hände: »I believe in miracles«. Darin berichtet eine amerika-nische Autorin von authentisch bewiesenen Wunder- oder Glaubensheilungen, alle in völlig aussichtslosen und aufgege-benen Fällen. »Wenn ich doch auch *einmal* so etwas erleben dürfte«, denke ich, »entweder ich habe zuviel studiert, um an Wunder glauben zu können, oder mein Glaube ist eben nicht stark genug, daß er Berge versetzen kann.« Der Arzt in mir sagt: »Die Frau *kann* nicht leben, ob mit oder ohne Opera-tion.« Der Christ in mir möchte gerne glauben, daß es bei Gott kein Unmöglich gibt. So bete ich beim Einschlafen, daß Gott sie wenigstens so lange am Leben erhalten möge, bis Angehörige kommen und mir die Erlaubnis zur Operation geben würden. Dann würde ich im Glauben das Unmögliche wagen und sie operieren.

Anderntags ist sie zwar noch am Leben und zum Bewußtsein gekommen, aber es geht ihr zunehmend schlechter. Die Ange-hörigen kommen nicht. Sie geht dem Ende entgegen. Sie hat Angst vor dem Sterben. Ich erfahre, daß sie eine Prostituierte war und daß einer ihrer »Freier« sie so zugerichtet habe. Der sei danach sofort ins Ausland, nach Kenia, geflohen. Im Bett neben ihr liegt eine Christin, eine alte Frau. Die sagt ihr, daß sie keine Angst vor dem Tode zu haben brauche, denn es gehe ihr nachher viel besser als hier.

»Mir nicht«, antwortet sie, »ich habe schlecht gelebt, auf mich wartet die Hölle!«

Darauf die Christin: »1. Joh. 2.2 ... und ob jemand sündigt, so haben wir einen Fürsprecher bei Gott, Jesus Christus, welcher gerecht ist. Und derselbe ist die Versöhnung für unsere Sünden, aber nicht nur für die unseren, sondern für die der ganzen Welt.«

»Aber ich bin ja gar keine Christin, ich habe nicht euren Glauben, für mich gilt das nicht.«

Die Christin: »Joh. 3, 16 ... also hat Gott die Welt geliebt, daß er seinen eingeborenen Sohn gab, auf daß alle, die an ihn glauben, nicht verloren werden, sondern das ewige Leben haben – Jesus ist nicht für die Christen, er ist für die ganze Welt gestorben, also auch für dich! Wenn du das glaubst, bist du eine Christin und brauchst gar nichts weiter zu tun, hörst du?«

Die Sterbende haucht: »Wenn ich das doch schon früher gewußt hätte, wie anders hätte mein Leben verlaufen können! Wenn du recht hast, dann sterbe ich ja soviel lieber, als daß ich in mein altes Leben zurückkehre. Ich danke dir für deine frohe Botschaft!«

Mit einem Lächeln auf ihrem schwarzen Gesicht geht sie hinüber in eine bessere Welt. Der ganze Krankensaal ist ergriffen. Die anderen Frauen, die zugehört und zugesehen haben, alle Heidinnen, sind von dem Zeugnis der Christin und von dem seligen Sterben der Mitpatientin so beeindruckt, daß sie sie bitten, ihnen mehr zu erzählen und sie, sobald sie aus dem Krankenhaus entlassen werden, mit in die Kirche zu nehmen.

Für mich war dies eine ganz neue Erfahrung. Da hatte ich nun auf ein Wunder gewartet und nicht daran gedacht, daß Gott etwas ganz anderes mit der Frau vorhatte.

Diese alte afrikanische Christin, eine Analphabetin, die die Bibel auswendiggelernt hatte, hat mich tief beschämt. Ich mußte mich fragen: »Wie viele Gelegenheiten hast du wohl schon versäumt, Menschen in Seelennot die frohe Botschaft zu sagen? Warst du zu feige, oder warst du zu gleichgültig?« Nie wieder will ich auf ein Wunder warten.

Ein Ferieneinsatz in der Mission

Vom evangelischen missionsärztlichen Institut in Tübingen war ich an das katholische in Würzburg ausgeliehen worden, um einen Urlaubseinsatz in Uganda/Ostafrika zu machen.
Ein so großes und interessantes Missionskrankenhaus hatte ich bis dahin noch nirgends erlebt. Es hatte ein paar hundert Betten, Stationen und Fachärzte aller möglichen Fachrichtungen, beste Einrichtung, alles auf dem neuesten Stand. Dazu eine Sauberkeit und Ordnung, die ihresgleichen suchte.
Bemerkenswert war auch, daß der Mitarbeiterstab, obwohl das Krankenhaus von einem italienischen Missions-Nonnen-orden geleitet und von einem italienischen Pater verwaltet wurde, aus Angehörigen vieler Nationen und Konfessionen bestand. Da waren Baptisten, Methodisten, Lutheraner, Katholiken, Deutsche, Schweizer, Engländer, Kanadier, Inder und Afrikaner unter den leitenden Italienern, und alle kamen in schönster Harmonie miteinander aus.
Bei meiner Ankunft wurde ich zuerst dem katholischen Bischof des Gebietes vorgestellt, einem riesigen, pechschwarzen Afrikaner, gegen den ich mir wie ein Wurzelzwerg vorkam. Er war ein hochgebildeter Mann, hatte in Rom studiert und sprach fließend Italienisch, Englisch, Französisch, Deutsch, Suaheli und noch acht Stammessprachen seines Landes.
»Doktor«, meinte er, nachdem ich ihm vorgestellt worden war und er mich herzlich willkommen geheißen hatte, »Sie sollen nicht *nur* zum Arbeiten in unser Land gekommen sein, Sie sollen auch ein wenig von seiner Schönheit und seinen Reizen kennenlernen, bevor Sie anfangen zu arbeiten. Ich gebe Ihnen einen Wagen und einen Fahrer, der wird Sie ein wenig im Lande herumfahren.«

So etwas war mir noch nie geboten worden. Überall kam ich an, stürzte mich in den Operationssaal, arbeitete Tag und Nacht, um mich dann wieder ins Flugzeug zu setzen und heimzufliegen.

Das Schönste in Uganda ist der Murchison-Nationalpark mit seinen vielen wilden Tieren. Da laufen Giraffen, Elefanten, Antilopenherden, Löwen und vieles andere wilde Getier frei herum, und man darf bei Strafe nicht aus dem Auto steigen, weil es viel zu gefährlich wäre. Am Ufer des Nils räkeln sich faul riesige Krokodile, im seichten Wasser stehen die Nilpferde, und Scharen von Wasservögeln der buntesten Art und Gestalt holen sich aus dem Nil ihre Fische. Die größte Sehenswürdigkeit sind die Nil-Wasserfälle. Obwohl sie nicht zu den größten der Erde gehören, sind sie doch atemberaubend schön.

Ein Landesteil im Norden, der sudanesischen Grenze zu, ist die Karamoya, eine weite Kakteen- und Dornenhalbwüste, die mir mit dem Gran Chaco in Südamerika fast identisch zu sein scheint. Hier lebt der einzige Volksstamm, den ich in meinem Leben ganz nackend gesehen habe, die Karamayóng. Nicht einmal einen Lendenschurz, kein noch so kleines Lätzchen vor dem Geschlechtsteil, laufen sie in völliger Unbekümmertheit herum, gehen auch so in die Kirche, gehen so einkaufen und kommen auch so ins Krankenhaus. Wie alle Afrikaner, haben auch sie samt und sonders Brüche: Nabelbrüche, Leistenbrüche riesigen Ausmaßes, wie man sie bei uns niemals zu sehen bekommt. Alle tragen ein kleines Hockerchen unterm Arm, das sie aus einem abgesägten Baumstamm mit drei Wurzeln daran kunstvoll aus einem Stück gefertigt und schön poliert haben. Da alles voller Dornen und Stacheln ist, können sie sich nicht wie andere Naturvölker auf den blanken Hintern setzen, sondern tragen zu diesem Zweck ihre Sitzgelegenheit stets bei sich, wo sie gehen und stehen.

Auf unserer Fahrt sehen wir von weitem einen riesigen Schwarzen am Straßenrand winken: Ein Anhalter! Auch die typische Daumenhaltung zeigt die gewünschte Richtung an. Vor sich hat er einen kleinen zweirädrigen Karren mit zwei Deichseln dran, auf dem ein undefinierbares Etwas liegt. Unterm Arm auch das unvermeidliche Hockerchen. Wie wir näherkommen, sehen wir, was die Fracht auf dem Kärrchen ist: Sein Hodensack, in dem als überdimensionaler Bruch seine ganzen Eingeweide hängen, so daß er ihn nicht mehr tragen kann und ihn in seiner Karre vor sich herschiebt.

»Wohin willst du?« fragt mein schwarzer Fahrer.

»Ins Krankenhaus, meinen Bruch operieren lassen«, ist die Antwort, »ich kann es nicht mehr länger aushalten, so ist es mir egal, ob ich daran sterbe oder nicht.«

Wir lassen ihn einsteigen, und als wir ins Krankenhaus kommen, wird er auf die chirurgische Station eingewiesen. Die Nonne kommt, er gibt ihr dreißig Schillinge, die Eintrittsgebühr, welche sie in eine Zigarrenkiste tut. Ich erkundige mich bei ihr, wie das hier mit der Verwaltung gehandhabt wird.

»Jeder Patient zahlt bei seiner Aufnahme dreißig Schillinge (fünfzehn DM), ganz gleich, was er hat oder wie lange er dableiben muß, einen Tag, einen Monat oder ein Jahr, auch ganz gleich, was man an ihm tun muß. Die Stationsschwester nimmt ihm beim Eintritt das Geld ab, tut es in eine Zigarrenkiste, und abends gehen alle Schwestern mit ihren Kisten zum Pater und liefern das Geld ab. Der tut es dann in einen größeren Kasten und schließt den mit einem Vorhängeschloß zu. Am Ende des Monats kommt dann das ganze Personal, um in einer langen Schlange anzustehen und seinen Lohn in Empfang zu nehmen. Der Pater zahlt jeden aus der Kiste aus. Was dann noch übrigbleibt, reicht für die sonstigen Ausgaben des Hospitals aus.«

»Keine Buchführung?«

»Keine.«

»Und die Kasse stimmt immer, das Geld reicht immer?«

»Bis jetzt noch immer, ja.«

Ich schüttele den Kopf. So etwas ist mir noch nirgends auf der Welt begegnet.

»Und was macht ihr, wenn das Geld einmal nicht reicht?«
»Darüber haben wir noch nie nachgedacht. Wir verlassen uns
darauf, daß Gott, dem wir dienen, dann auch einen Weg fin-
den wird.«
Ich weiß nicht, was aus dem Krankenhaus und aus dem Per-
sonal unter Idi Amin geworden ist, der bald darauf an die
Macht kam. Aber das Buschkrankenhaus in Uganda habe ich
nie vergessen mit seiner Harmonie unter Mitarbeitern aller
Nationen und Bekenntnisse und mit seinem unbegrenzten
Gottvertrauen.

P.S. An fast allen afrikanischen Krankenhäusern gibt es keine
Küche. Die Patienten bekommen das Essen von ihren Ange-
hörigen ins Krankenhaus gebracht, so daß die Unkosten für
Verpflegung wegfallen.

Arbeitslos, obdachlos

Heiligabend. Das Telefon klingelt. »Immer noch ein Patient,
hört denn das heute gar nicht mehr auf?« denke ich. Eine
männliche Stimme meldet sich: »Keine Angst, ich bin kein
Patient. Man sagte mir, daß Sie ein Christ seien. Ich bin ar-
beitslos und obdachlos. Können Sie mich bei sich aufneh-
men?«
»Ja.«
»Im Ernst?«
»Was soll es da im Spaß geben?«
»Dann kann ich also kommen?«
»Ja.«
»Müssen Sie nicht erst Ihre Frau fragen?«
»Nein.«
»Wann kann ich kommen?«
»Wann können Sie da sein?«
»In einer halben Stunde.«
»Gut, dann warten wir so lange mit dem Baumanzünden.«

Nach einer halben Stunde fährt eine ›Ente‹ vor, bis unters Dach beladen mit Koffern und Hausrat, ja sogar aufs Dach gebunden sind große Gepäckstücke. Ein großer, gutausse- hender junger Mann steigt aus, stellt sich vor, unsere Kinder helfen beim Ausladen und bringen das Gepäck in sein Zim- mer. Dann zünden wir den Baum an, feiern auf gewohnte Weise Weihnachten mit Bibellese und vielen, vielen Liedern. Dann essen wir. Von unserem Gast wissen wir nichts als sei- nen Namen. Aber dann erzählt er uns seine Lebensgeschichte. Eine wüste Vergangenheit tut sich auf mit Schlägereien, Zu- hälterei und vielen, vielen Stellenwechseln – überall sei er we- gen seines aufbrausenden Temperamentes hinausgeflogen und zuletzt im Zuchthaus gelandet, von wo man ihn vor kur- zem entlassen habe. Auf einer Zeltevangelisation habe er sich bekehrt und wollte ein neues Leben anfangen. Aber immer war ihm sein Temperament dabei im Wege: Zwar habe er nichts Gesetzwidriges mehr getan, aber da er seinen Mund nicht halten könne, wenn er Unrecht sehe, werde er von allen Arbeitsplätzen, von allen Vermieterinnen immer und immer wieder hinausgeschmissen. So sei er heute, am Heiligabend, arbeitslos und obdachlos auf der Straße gestanden und habe nicht mehr aus noch ein gewußt. Seit seiner Bekehrung sei er Sonntag für Sonntag in eine andere Kirche gegangen auf der Suche nach ›rechten Christen‹, habe sie aber nirgends erken- nen können. Evangelische, Katholische, Baptisten, Methodi- sten, Adventisten, Pfingstler, Neuapostolische, Zeugen Jeho- vas – alle rannten sie nur in die Kirche, um zu beten und zu singen, aber *keiner* lebe wirklich als Christ. Alles Lippenchri- sten. Jetzt habe er heute abend noch einen letzten Versuch gewagt und gedacht: »Wenn *der* auch wieder sagt, er habe keinen Platz oder keine Zeit für mich, dann mach' ich endgül- tig Schluß.«

Wir kamen, als die Kinder im Bett waren, in ein Zwiege- spräch. Ich versuchte ihm klarzumachen, daß es in seinem Fall gar nicht darauf ankomme, die rechten Christen zu *fin- den*, sondern den Menschen zu zeigen, daß Christus aus *ihm* eine neue Kreatur gemacht habe. Und solange er sich mit allen Leuten überwerfe, *sei* er eben noch keine neue Kreatur.

»Wie lange kann ich bleiben, und wieviel muß ich bezahlen?« fragte er.

»Wir wollen keine Frist setzen. Für dauernd können Sie hier nicht bleiben, weil wir immerzu das Haus voll haben von Leuten wie Ihnen. Sie suchen sich eine Arbeit, eine Wohnung, so lange können Sie bleiben. Bezahlen brauchen Sie nichts, denn wir sind kein Gasthaus. Hausschlüssel brauchen Sie keinen, denn unser Haus ist immer offen, Tag und Nacht. Essen tun wir dann und dann, wenn Sie da sind, können Sie mitessen, wenn nicht, ist's auch gut.«

»Sie sagen, Ihr Haus ist immer offen, nichts ist abgeschlossen?«

»Nein, keine Tür, kein Schrank, keine Schublade.«

»Und noch nie hat jemand was gestohlen?«

»Nein, nie. Sie wären der erste, der unser Vertrauen enttäuschen würde, wenn Sie etwas mitgehen ließen. Und auch dann würde meine Frau sagen: ›Er hat's bestimmt nötiger gebraucht als wir‹.«

Das war ein merkwürdiger Hausgenosse. Nachts ging in seinem Zimmer ein Hämmern, Sägen und Pochen an, daß das ganze Haus wach wurde. Auf meine Frage am Morgen, was er denn da mitten in der Nacht zu schaffen habe, meinte er, er baue eine Behausung für seine Schildkröten.

»Mich kosten meine Patienten so viel Schlaf, daß ich mir's nicht leisten kann, auch noch für Schildkröten meine Nachtruhe zu opfern«, gab ich ihm zu verstehen. »Wenn Sie etwas basteln wollen, dann tun Sie's bitte bei Tag.« Zum Essen erschien er, wann er wollte, und zudem war er Vegetarier, wie er sagte. Wenn aber der saftige Braten auf dem Tisch stand und es ihn gelüstete, fragte er: »Ist das Rind oder Schwein? Rind esse ich gelegentlich, aber Schwein niemals.« So mußte für ihn fast immer ein extra Menü zubereitet werden.

Seine größte Sorge war, woher er ein Mädchen bekommen

sollte. Ohne Frau könne er – bei seinem Vorleben auf diesem Gebiet – nicht leben, sein altes Leben wolle er aber nicht wieder anfangen. Es käme nur eine Christin in Frage, aber woher die nehmen?

»Sie müssen sie eben in entsprechenden Kreisen suchen, denn in der Diskothek oder auf einem Tanzvergnügen werden Sie schwerlich das finden, was Ihnen vorschwebt«, riet ich ihm. So setzte er eine Anzeige in ein christliches Blatt, und siehe da, er bekam Antwort von einem recht hübschen und tüchtigen Mädchen, das nicht nur gläubig war, sondern aus einer christlichen Familie stammte. Aber – oh weh! Als sie ihn ihren Eltern vorstellte und er ihnen so offen, wie er es bei uns getan hatte, sein Vorleben schilderte, waren diese hell entsetzt. Mit allen Kräften widersetzten sie sich einer Verbindung mit einem Menschen mit solcher Vergangenheit, möge er nun noch so fromm und christlich tun. Das Mädchen hatte sich aber inzwischen in den gutaussehenden Menschen so verliebt, daß sie ihren Willen durchsetzen und ihn trotz allem heiraten wollte. Die Eltern sagten ihr, wenn sie das tue, brauche sie ihr Haus nicht mehr zu betreten. Für den jungen Mann war das wieder Wasser auf seine Mühle. »Da sehen Sie, wie recht ich hatte: Lippenchristen, nichts als Lippenchristen! Wofür soll es denn gut sein, daß ich mich bekehre, wenn mir doch immer wieder meine Vergangenheit vorgehalten wird?«

Nur war die Frage, wo das Mädchen bleiben solle, denn auch sie war ja nun obdachlos geworden und hatte obendrein noch ihre Stelle verloren, war also auch arbeitslos. Wir nahmen sie auch noch auf, aber ihn fragte ich doch, wie es denn mit der Stellensuche stünde. Er verstand den Wink mit dem Zaunpfahl und kam bald mit der Nachricht nach Hause, er habe in seinem Beruf an einem weiter entfernten Ort einen Arbeitsplatz gefunden und werde sich, da es zu weit zum Fahren sei, intensiv um eine Wohnung bemühen. Ende Februar war es dann soweit. Wir luden seine Ente und unsere zwei Autos mit dem inzwischen ums Doppelte angewachsenen Hab und Gut voll. Unsere Jungen halfen beim Um- und Einzug. Nicht lange darauf kam eine Heiratsanzeige und ein herzlicher Dankesbrief.

Was aus den beiden weiter geworden ist, wissen wir nicht, aber wir hoffen, daß er seinen Schwiegereltern sein Christsein beweisen konnte und auch seine Vermieter und Arbeitgeber nicht mehr enttäuscht hat, so daß er nie wieder an einem Heiligabend sagen muß: »Arbeitslos, obdachlos.«

Das Traumhaus

An der Peripherie einer Großstadt in einem bewaldeten Bergland stand es: Mein Traumhaus. An einem steilen Hang gelegen, sah es nach der Straße hin ganz unscheinbar wie ein schlichtes Einfamilienhaus aus. Kam man hinein, dann dehnte es sich nach zwei Seiten hin und den steilen Hang hinunter aus und war eine herrliche Villa. Mit vollendetem Geschmack eingerichtet, war da doch nicht der Eindruck des Protzentums. Wundervolle antike Möbel ließen mein Herz beim Anblick höher schlagen, schöne echte Teppiche in gedämpften Farben und echte alte Stiche an den Wänden rundeten das Bild harmonisch ab. Im unteren Stockwerk war ein Schwimmbad mit tropischen Schlinggewächsen und einer verschiebbaren Glaswand, so daß man von da aus auf eine Liegewiese hinauskonnte, die einen märchenhaften Ausblick auf die Täler und bewaldeten Höhen dieses schönen Landes bot. Ein offener Kamin war sowohl nach dem Schwimmbad hin als auch nach der benachbarten Halle ein Blickfang und für große Gesellschaften mit Barbecue und dergleichen gedacht. Daneben waren eine Sauna und eine Hausbar, ein Trinkstübchen im Jägerstil. Von der großen Halle aus ging man durch ein Damenzimmer, in weißem Schleiflack und bayrischblauem Samt gehalten, in ein kleines Nebenhaus, das für die Großmutter gebaut war. Sie hatte somit ihr eigenes kleines Reich, war aber doch mit dem Haupthaus direkt verbunden. Ein riesiges Gelände dehnte sich ins Tal hinunter bis an den Waldrand aus und konnte, da es zum Haus gehörte, niemals verbaut werden, so daß der Ausblick von oben nicht zerstört werden konnte.

Das Haus gehörte einem Industriellen, der früher in meinem Praxisbereich gewohnt hatte. Nachdem die Familie in das neue Haus umgesiedelt war, hatte sie mich gebeten, weiterhin ihr Hausarzt zu bleiben, weil ich viel Freude und Leid mit der Familie geteilt hatte. Der Vater war ein sogenannter »Selfmademan«, der sich aus einfachen Verhältnissen zu seiner jetzigen Höhe emporgearbeitet hatte und mehrere hundert Arbeiter beschäftigte. Seine Frau war seine erste Mitarbeiterin im Geschäft, und die beiden hatten gemeinsam alles aufgebaut. Dem einzigen Sohn gaben sie alles, was er sich nur wünschen und erträumen konnte, nur eines nicht: Zeit. Die Erziehung lag ganz in den Händen der Großmutter, die den Jungen abgöttisch liebte. Als der Junge in das »schwierige Alter« kam, erfolgte der Umzug in das Traumhaus, das aber weit weg von allen seinen Freunden lag, so daß er völlig isoliert wurde. Als einzige Gesellschaft fand er, wenn er von der Schule nach Hause kam, seine Großmutter und zwei alte Bedienstete, eine Köchin und einen Butler-Gärtner, vor.

Es kam der Tag, wo er aufbegehrte und seinen Eltern kategorisch erklärte, er habe es satt, da draußen in »dem Altersheim« lebendig begraben zu sein. Er wolle eine eigene Wohnung in der Stadt haben, wenn schon die Eltern keine Zeit für ihn hätten. Die Eltern fügten sich seinem Wunsch. Es wurde eine Penthousewohnung in einem ihrer eigenen Hochhäuser für ihn eingerichtet mit genau dem gleichen Geschmack, teuren Möbeln, Teppichen, Gemälden oder Stichen, wie es die Eltern im eigenen Haus gemacht hatten, ohne Rücksicht darauf, ob es der Geschmack des Jungen war oder nicht. Er wurde nicht einmal gefragt, ob ihm das alles gefalle, oder ob er sich lieber nach seinem eigenen Geschmack einrichten wolle.

Nun hatte er eine »sturmfreie Bude«, in der sich bald die wüstesten Orgien abspielen sollten. Die Gesellschaft, in der er sich bewegte, wurde immer zwielichtiger und obszöner. Waren es zuerst nur Schulkameraden gewesen, so kamen nun bald Gestalten männlichen oder weiblichen Geschlechts dazu, welche die Eltern, hätten sie sie gesehen, in helles Entsetzen gebracht hätten. Aber sie ahnten nichts davon, weil sie ihm seine Freiheit nicht beschneiden wollten. Die Schulleistungen wurden immer schlechter. Einmal Sitzenbleiben, zweimal Sitzenbleiben. Schließlich Abgang von der Schule wegen ungebührlichen Betragens und schlechten Einflusses auf die Klassenkameraden. Da half kein Intervenieren der Eltern, die Schuldirektion blieb fest. Der einzige Ausweg schien nun die Unterbringung in einer teuren Internatsschule im Ausland, wo der Sohn gleichzeitig eine Fremdsprache erlernen sollte, die ihm später im Geschäft nützlich sein würde. Aber auch von dieser Schule wurde er bald verwiesen, da halfen kein Geld und keine Bitten. Nun schickte man ihn in eine Großstadt, wo er in einer befreundeten Großfirma eine kaufmännische Lehre absolvieren sollte. Und dort geschah es dann, daß er in die Drogenszene geriet. Zuerst fing es mit harmlosen Sachen an, bald wurden es stärkere Stoffe, und zuletzt landete er beim Heroin. Die Lehre mußte abgebrochen werden, der Junge wurde nach Hause genommen und in den elterlichen Betrieb gesteckt, er bezog wieder seine frühere Luxuswohnung im Penthouse. Aber da gab es dann bald eine Kommune von Jungen und Mädchen aus der »Szene«. Alle schmarotzten beim Kapitalistensohn, scheuten sich aber nicht, seine Eltern als Kapitalistenschweine zu bezeichnen, auf deren Establishment sie »schissen«. Wenn kein Geld für neuen Stoff da war, wurde immer zuerst die Mutter angezapft. Alle Versuche des Vaters, dem Einhalt zu gebieten, scheiterten am Widerstand der gegen ihren Sohn so schwachen Mutter. Weigerte sie sich je einmal doch, wieder Geld herauszurücken, dann wurden die teuren Einrichtungsgegenstände der Wohnung verscheuert in Antiquitätengeschäften oder Pfandleihhäusern. Getankt wurde für die ganze Kommune grundsätzlich auf Firmenrechnung, und als in der Wohnung nichts mehr zu verscheuern und zu versetzen war, begann man, auf Rechnung der Kapitalistenfamilie Fernsehgeräte, Stereoanlagen, Pelzmäntel, Schmuck und andere Luxusgegenstände einzukaufen und auf dem Schwarzmarkt für einen Bruchteil des Wertes wieder zu verkloppen. Alle eingehenden Rechnungen wurden stillschweigend bezahlt, man konnte ja den eigenen Sohn nicht als Schwindler entlarven und einer Gefängnisstrafe wegen Betrugs aussetzen.

Als den Mitbewohnern im Hochhaus die Gesellschaft und ihr Lärm bei den Orgien zu groß wurden, beschwerten sich alle Hausbewohner in einer gemeinsamen Aktion und verlangten Abhilfe. Wer beschreibt das Entsetzen der Eltern, als sie unter Polizeibegleitung in die Wohnung kamen und da alles ausgeräumt vorfanden: Nichts, nichts war mehr drin außer dreckigen Matratzen auf den Fußböden, auf denen sich die Gesellschaft im »High«-Zustand herumsielte. Erbrochenes, Urin und Stuhl verbreiteten einen atemberaubenden Gestank, die Klos verstopft, alle Ausgüsse voll schmutzigem Geschirr, die Wände mit Obszönitäten vollgeschmiert, Tapeten abgerissen, Fensterscheiben eingeschlagen und Türeinfassungen ausgebrochen.

Die ganze Gesellschaft wurde von der Polizei mitgenommen, den eigenen Sohn nahmen die Eltern mit nach Hause, die Wohnung wurde aufgelöst und für neue Mieter renoviert.

Nun folgte eine Zeit in einem teuren Entziehungssanatorium, wo der Sohn es aber nicht lange aushielt. Er lief davon und tauchte unter, lange wußten die Eltern überhaupt nichts mehr von ihm. Plötzlich, kurz vor Weihnachten, war er wieder da, heulend und winselnd, ein Häufchen Elend: »Helft mir, bitte, bitte helft mir doch, ich will loskommen von dem Zeug.« Ich wurde gerufen, und da ich damals noch keine Erfahrung und keine Schulung im Umgang mit Drogenabhängigen hatte, machte ich den Fehler, dem Jungen durch Spritzen die akuten Entzugserscheinungen leichter zu machen. Während der ganzen Feiertage fuhr ich zwei- bis dreimal hin, und die Eltern wußten ihre Dankbarkeit kaum auszudrücken, weil ich ihnen in ihrem Unglück auf diese Weise beistand. Tag und Nacht hielten sie am Bett des unglückseligen Jungen aus und beobachteten die schrecklichen Symptome des Heroinentzugs.

Aber kaum waren die Feiertage vorbei und das Schrecklichste ausgestanden, war er wieder fort. So ging es wieder und wieder. Bald wurde er von der Polizei aufgegriffen und eingesperrt, bald stand er vor Gericht und wurde zur Zwangsentziehung verurteilt, bald hatte er wieder Betrügereien im großen Stil begangen, und die Eltern zahlten und zahlten, um ihm eine neue Gefängnisstrafe zu ersparen.

Dann lernte er ein Mädchen aus der »Szene« kennen, mit dem er ein dauerhafteres Verhältnis einging, oder besser gesagt, er schickte sie auf den Strich und wurde ihr Zuhälter. Als beide den Eltern beteuerten, sie wollten gemeinsam versuchen, von den Drogen loszukommen, gaben die Eltern nach und richteten den beiden eine neue Wohnung ein, obwohl das Mädchen aus gänzlich anderen Kreisen stammte und man voraussehen konnte, daß das Verhältnis nicht lange gutgehen würde. Sie waren froh, daß die beiden wenigstens nicht heiraten wollten. Als ein Kind unterwegs war, heirateten sie aber doch, ohne die Eltern davon zu verständigen. Kurz darauf wurden die beiden beim »Dealen« erwischt und eingesperrt, jeder in einem anderen Gefängnis, weit voneinander entfernt. Die Ärzte waren dafür, dem Mädchen das Kind abzutreiben, da man ja nicht wissen konnte, ob es von dem fortwährenden Drogengenuß nicht geschädigt wäre. Aber die beiden wollten nichts davon wissen: »Das Kind ist unsere einzige Hoffnung, noch jemals loszukommen, es wird unserem Leben endlich einen Sinn und Inhalt geben, wir wollen es darauf ankommen lassen und austragen.«

Das Kind kam im Gefängnis zur Welt, war zum Staunen aller normal. Aber als die beiden schließlich ihre Strafe abgesessen hatten, aus dem Gefängnis entlassen worden waren, wollten sie nichts mehr voneinander wissen und trennten sich sofort, die kurze Ehe wurde geschieden. Das Kind wäre dem Mädchen von der Fürsorge abgenommen worden, wenn nicht die Eltern des Jungen gesagt hätten: »Wir nehmen es. Vielleicht können wir an dem armen Wurm gutmachen, was wir an unserem Sohn versäumt haben.« Und so nahmen sie es mit nach Hause, ins Traumhaus. Die Urgroßmutter war natürlich nicht mehr in der Lage, es aufzuziehen, daher wurde eine Kinderpflegerin angestellt, denn die Frau, also die Großmutter, mußte ja nach wie vor ins Geschäft gehen mit ihrem Mann und hatte keine Zeit. Im Geist sah ich das gleiche Drama voraus, das sich schon einmal abgespielt hatte. Jeder, der sich mit Verhaltensforschung beschäftigt, weiß, daß die Person, die sich in den ersten beiden Lebensjahren um ein Kind kümmert, seine »Bezugsperson« ist und bleibt, und daß das Kind später zu einer anderen Person nie mehr das gleiche Verhältnis bekommt.

Bei jedem Besuch klagte mir die Groß-, jetzt Urgroßmutter ihr Leid: »Warum muß Gott uns so hart strafen? Gibt es denn etwas, das wir *noch* aufgeladen bekommen können? Gibt es noch etwas?«

Der Sohn tauchte sporadisch immer wieder zu Hause auf. Die Eltern hatten sich seinetwegen schon lange auseinandergelebt, weil der Vater der Mutter die Schuld an dem ganzen Elend gab. Sie habe durch ihre Nachgiebigkeit den Sohn immer weiter hineingetrieben. Er wäre für Härte gewesen. Die Mutter meinte, der Vater hätte sich in den entscheidenden Jugendjahren weniger um sein Geschäft als um seinen Sohn kümmern sollen, dann wäre alles anders gekommen.

An eine Scheidung war nicht zu denken, weil die beiden Ehepartner durch die Firma so aneinandergekettet waren, daß eine Trennung den Ruin der Firma bedeutet hätte. So »arrangierten« sie sich, indem jeder dem anderen volle Freiheit zugestand, und jeder lebte sein eigenes Leben. Das Traumhaus war so gut wie verwaist. Keine Gesellschaften mehr, keine Gäste, die Besitzer waren selten daheim. Nur die Großmutter und die beiden alten Bediensteten führten ein Geisterleben darin, bis dann das Urenkelchen und die Pflegerin dazukamen.

Eines Tages wurde die Frau schwer krank. Ich mußte nachts bei Eis und Schnee zu ihr fahren. Ich sah sofort, daß das kein Fall für eine Hausbehandlung war, und wies sie ins Krankenhaus ein. Dort rang sie wochenlang mit dem Tode. Zuletzt, als sie schon kurz vor ihrer Entlassung stand, wurde noch einmal eine Generaluntersuchung vorgenommen, und dabei stellte sich heraus, daß sie an Darmkrebs litt und operiert werden mußte. Der Ehemann bat mich am Telefon, ob ich nicht ins Krankenhaus fahren und ihr Mut zusprechen könne, sie hätten halt alle soviel Zutrauen zu mir.

Ich erfüllte ihm den Wunsch, sprach der Frau Mut zu und zeigte ihr, daß sie doch noch eine Aufgabe im Leben zu erfüllen habe: Das Enkelchen aufzuziehen, daß da auch noch ihre alte Mutter sei, welche sie brauche, und schließlich auch noch ihr Sohn, der vielleicht doch noch eines Tages seine Sucht überwinden und mit ihrer Hilfe dann ein neues Leben beginnen könne. Ich erklärte ihr, wie wichtig es sei, den *Wunsch* zum Gesundwerden zu haben. Zwar könnte ich mir vorstellen, daß sie alles satt habe und froh sei, wenn erst einmal alles vorüber wäre. Aber sie solle an ihre noch vor ihr liegenden Aufgaben denken und Gott bitten, sie am Leben zu lassen, damit sie diese besser lösen können als in der Vergangenheit.

Ich bekam einen lieben Dankesbrief von dem Ehemann. »Meine Frau ist nach der Unterhaltung mit Ihnen ganz ruhig an die Operation herangegangen, Sie haben ihr soviel gegeben. Sie hat mir erzählt, was Sie ihr gesagt haben, und da ist auch mir plötzlich klar geworden, daß mein ganzes bisheriges Leben falsch war, daß ich falschen Zielen nachgejagt bin. Ich danke Ihnen für alles, was Sie in den vergangenen Jahren für unsere Familie getan haben!«

Der Großmutter hatte man verheimlicht, wie es um die Tochter stand. Erst als sie aus der Gefahr war und es ihr wieder besser ging, setzte man sie davon in Kenntnis.

»Können Sie sich denken, was es jetzt *noch* geben könnte, das wir noch nicht mitgemacht haben?« fragte sie mich. »Ach, wäre ich doch längst gestorben!«

Ich fuhr auf Urlaub, und als ich gerade zurückgekommen war, rief mich eine Dame an und bat mich im Namen jenes Industriellen, ihn doch im Krankenhaus zu besuchen. Er habe einen Nervenzusammenbruch erlitten und sei auf der psychiatrischen Station. Als ich hinkam, war er völlig verstört.

»Entschuldigen Sie, daß ich Sie habe rufen lassen. Aber ich habe wirklich niemanden, dem ich mein Herz ausschütten könnte oder möchte, als Sie, Sie waren unser einziger wirklicher Freund in all den vergangenen Jahren.« Er könne nicht mehr schlafen, seit vielen Tagen und Nächten nicht mehr. Ihn packe eine nackte Existenzangst, obwohl seine Prokuristen und seine Steuerberater sagten, daß dazu gar kein Grund vorliege. Er könne den Gedanken nicht verscheuchen, daß seine Firma plötzlich bankrott mache und er arm auf der Straße stehe. Das Fiasko mit seinem Sohn habe ihn schon jahrelang fertiggemacht, und jetzt dazu noch die Krankheit seiner Frau. Ihr sei er gerade in der letzten Zeit wieder etwas nähergekommen, und er wolle nun ein jahrelanges Verhältnis mit einer anderen Frau um ihretwillen lösen, wisse aber nicht wie, ohne die andere Frau zu kränken. Kurz, es kamen noch so viele Dinge ans Licht in dieser Beichte, daß auch ich mir keinen Rat wußte. Ich fand kein Patentrezept, wie ich ihn aus dieser unheilvollen Verstrikkung von Schuld und Elend befreien könnte. Freilich sprach ich ihm Trost zu, aber alles, was ich ihm sagte, klang in meinen Ohren mager und banal. Schließlich verabschiedete ich mich.

Am Tag darauf wurde ich von seinem Rechtsanwalt angerufen: Er habe in seinem Testament hinterlassen, zuerst mich von seinem Tod zu verständigen. Er hatte sich erschossen. Ich war ein Versager.

Ein Mensch hatte sich von mir Hilfe erhofft, aber ich hatte ihm Steine statt Brot gegeben: Nichts als magere Trostworte. Ich kann nur hoffen, Gott wird ihm gnädig sein und auch mir mein Versagen verzeihen.

Die lahme Lina

In einem winzigen Häuschen, bestehend aus zwei Zimmern und Küche, lebte das ledige Geschwisterpaar schon das ganze Leben lang zusammen: Die Schwester Lina, im Dorf nur »die lahme Lina« genannt, und ihr Bruder Albert. Er litt an einer Schüttellähmung, die ihm nicht *mehr* erlaubte, als sich ein paar Schritte in seiner Wohnung hin- und herzubewegen. Lina war von Geburt an spastisch gelähmt. Früher soll sie noch in der Lage gewesen sein, sich ein wenig im Häuschen umherzubewegen. Aber seit ich sie kannte, war sie ganz ans Bett gefesselt, und das waren schon mehr als zehn Jahre. Durch das lange Liegen war ihr Körper zu einem unförmigen Klumpen geworden. Die Zähne hatte sie alle verloren bis auf einen, und der stand wie ein Ausrufezeichen aus ihrem Mund heraus. Die Augen schielten auswärts. So wußte man, wenn man sich mit ihr unterhielt, nie, in welches Auge man schauen sollte, ins rechte oder ins linke. Immer hatte sie irgendwo Geschwüre, die eiterten und täglich verbunden werden mußten, was die Gemeindeschwester, eine alte, aber noch sehr rüstige Diakonisse, besorgte. Eine Schwägerin der beiden Geschwister putzte für sie das Häuschen, eine Gastwirtin aus der Nachbarschaft brachte ihnen alle Tage auf einem Tablett das Essen, worauf sich alle beide schon freuten.

Wenn ich alle zwei Wochen meinen Besuch bei ihnen machte, ihnen dabei ein paar lustige Geschichten erzählte, konnten sie laut und herzhaft lachen. So herrschte eigentlich trotz allen Elends nie eine trostlose Atmosphäre. Wenn wir so eine Weile unseren Spaß miteinander gehabt hatten, ging ich nie bedrückt fort. Immer wieder fragte ich mich, wie diese beiden vom Schicksal so benachteiligten Menschen es fertigbrachten, trotz allem so fröhlich zu sein.

Eines Tages, als ich gerade das Häuschen betreten wollte, erfuhr ich von der Gemeindeschwester, daß Lina Geburtstag habe, den achtundsechzigsten. Schnell besorgte ich mir einen Blumenstrauß, und bevor ich zu ihr ging, überlegte ich: »Was sagst du jetzt zu ihr? Herzlichen Glückwunsch? (Kann man zu so einem Dasein Glück wünschen?) Alles Gute? (wo war da etwas Gutes zu entdecken?)«

Alles, was man sonst bei solchen Gelegenheiten sagt, schien mir hier schal und abgeschmackt. Ich betrat das Zimmer und sagte: »Fräulein Lina, ich habe gehört, daß Sie Geburtstag haben, und ich bin gekommen, um Ihnen einmal von ganzem Herzen zu danken!«

Verwundert schielte sie mich an, nicht wissend, ob ich einen Witz mache, und fragte: »Sie *mir*? Danken? Wofür denn? Bei mir hat sich noch nie jemand bedankt, *ich* bin es immer gewesen, die sich bedanken mußte.«

»Dafür, daß Sie mir immer ein so großes Vorbild sind«, sagte ich. »Sie haben gewiß kein leichtes Los, aber noch nie habe ich Sie klagen hören. Immer, wenn ich unzufrieden bin, denke ich an Sie und sage mir: ›Wie undankbar bist du doch! Denk an Fräulein Lina und sei wieder zufrieden!‹«

»Oh, Herr Doktor, Sie loben mich zu Unrecht! Wenn ich allein bin, habe ich schon oft mit Gott gehadert, warum er mich so erschaffen hat, wie ich bin: Nie zu etwas nütze, immer auf die Güte anderer angewiesen!«

»Sicher, aber gerade das finde ich so großartig an Ihnen, daß Sie das nur tun, wenn Sie allein sind, und niemals jemanden merken lassen, wie es inwendig in Ihnen aussieht.«

»Wissen Sie, ich halte mich an das Wort: ›Die Leiden dieser Zeit sind nichts im Vergleich zu der Herrlichkeit, die uns bereitet ist‹, und da sage ich mir: ›Lina, was sind schon achtundsechzig Jahre im Vergleich zu einer ganzen Ewigkeit!‹ Dann kann ich es wieder ertragen. Aber Sie, Herr Doktor, haben mir heute die größte Freude meines Lebens gemacht! Wenn es wahr ist, was Sie sagen, daß andere sich an mir aufrichten können, dann weiß ich seit heute zum erstenmal, daß ich nicht umsonst auf der Welt gewesen bin.«

Immer, wenn ich an ihrem kleinen, heute leeren Häuschen vorbeifahre, muß ich an sie denken. Sie hat mir die Antwort gegeben auf so viele »Warum« in meinem Leben.